# 어서 와,
# 경제는
# 처음이지?

# 어서와, 경제는 처음이지?

초판 1쇄 발행 2019년 5월 1일

**지은이** 김양권
**발행인** 김정웅
**편  집** 김신희
**디자인** 빅웨이브
**내지일러스트** 강혜진

**발행처** 포스트락
**출판등록** 제2017-000052호
**주  소** (07299) 서울 영등포구 경인로 775 에이스하이테크시티 1동 803-28호
**문의 및 투고** post-rock@naver.com
**인  쇄** 천일문화사

ISBN 979-11-960916-5-1   03320
값 15,000원

유튜브에서
재테크까지,
한번 읽고
바로 써먹는 '경제'

# 어서 와, 경제는 처음이지?

김양권 지음

포스트락
POST樂

대학에서 '경제의 이해' 교양과목을 강의한 지 3년. 수강생들은 대부분 공과대학, 인문사회과학대의 4학년 학생들이었다. 강의를 진행하는 동안 학생들이 졸업 후 사회생활에 필요한 지식, 실용적인 경제상식에 대해 목말라하는 것을 알게 되었다. 그래서 그동안 한국은행 등 실무계에서 겪거나 배운 금융/경제/경영사례를 중심으로 강의를 진행했다. 또 유튜브, TV, 영화, 게임 등에서 추출된 사례들을 소재로 삼아 이야기를 풀어 나갔다. 학생들의 반응이 좋았고, 매번 정원을 채운 채 진행되었다.

이렇게 축적된 강의경험을 사회초년생 및 중견직장인들과 공유하려는 것이 본 책자 발간의 모티브가 되었다. 이에 따라 본 책자는 다음의 세 가지 포인트를 두고 집필되었다.

첫째, 대학 4학년생들을 가르쳐 본 경험에 기초하여 사회초년생들의 눈높이, 그들의 지식과 상식 레벨에 부응하도록 경제상식을 설명한다는 관점이다. 이에 따라 스마트폰과 유튜브로 대변되는 스마트경제의 사례들을 이야기 풀이의 모티브로 삼았다. 대도서관, 배달의 민족, 넷마블, 에어비앤비 등이 그러한 사례들이다.

둘째, 실용적 관점의 경제상식을 제공한다는 관점이다. 즉, 자기경제관리나 재테크 관점에서 필요한 금융, 금리, 경제상식을 다수 포함시켰다. 사회생활을 시작하며 맞이하게 되는 은행거래, 적금과 청년통장, 얼마간 모은 목돈으로 주식투자, 저소득 청년근로자를 위한 전세자금대출제도, 주택 마련과 부채의 활용 등이 그러하다.

셋째, 국가경제, 물가, 환율과 국제경제 등 이른바 거시경제에 대한 설명도 젊은이들의 실용적 관점으로 서술하였다. 즉, 자기경제관리와 재테크를 하는 젊은이들이 빅 픽처big picture를 어떻게 접근하고 이해해야 하는지의 관점으로 서술하였다.

본 책자 집필의 계기는 출판사 김정웅 대표와의 미팅이 결정적 계기가 되었다. 김 대표는 필자에게 집필의 격려와 강력한 권유를 하였다. 요즘 젊은이들이 경제경영에 관심이 아주 많으며, 이해하기 쉽게 쓴 경제경영서에 대한 수요가 많다는 것이다. 오랜 기간 실무계에 종사한 후 대학 강의를 하고 있는 필자와 같은 경제경영 전문가가 꼭 써야 한다는 것이었다. 그의 논리, 지혜 그리고 격려에 감복함에 따라 이 책이 탄생되게 되었음을 고백한다. 아울러, 이 책이 탄생되기까지 몇 달 동안 집안에서 애쓰고 후원해 준 아내와 딸 서경, 그리고 멀리서 성원을 보내준 아들 진석 내외에게도 이 자리를 빌어 감사의 뜻을 표하고자 한다. 그리고 주식시장 관련 부분에 여러 가지 자문과 조언을 준 코리아에셋투자증권 최진배 감사께도 깊은 감사의 뜻을 전하고 싶다. 모쪼록 본 책자가 사회생활 초보자는 물론, 중견 직장인들을 위한 경제생활의 지침이 되길 기대해 본다.

2019. 4.

저자 **김양권**

• 반원익 한국중견기업연합회 상근부회장

경제는 밥이다. 밥을 함께 먹는 관계를 식구食口라 일컫는다. 가족에서 마을로, 지역에서 민족으로, 국가에서 인류로 확산되는 많은 식구의 삶을 꾸리는 것이 경제다. 복잡성을 더해 온 글로벌 경제의 현실과 경제학의 난해한 개념들 탓에 다가가기 어렵게 느끼지만, 경제는 숨 쉬듯 지나치는 매일의 삶, 그를 떠받치는 필수적인 물적 토대에 다름 아니다. 경제를 이해하는 것은 오늘을 버텨내는 힘이자 내일을 전망하는 발판이다.

저자는 한국은행과 금융감독원 등 핵심 경제 기관에서 30년간 경제 실무를 다뤘다. 경직된 이론의 틀에 안주하기보다 생동하는 현장에서 진짜 경제의 안팎을 살폈다. 대학에서는 누구보다 쉽게 '경제의 이해'를 강의했다. 희망을 잃은 후배들에게 자신의 앎을 전하는 일이 책무이자 숙명이라고 언젠가 말했는데, 이제서야 누에고치에서 실을 뽑듯 평생의 경험을 정성스럽게 엮어냈다.

청년들이 읽으면 좋겠다. 직장이든 여타 방식이든 사회로 뛰어드는 젊은이들이 까마득하게만 보이는 경제의 벽을 돌파해 보람과 행복을 찾는 데 작은 도움이 되리라 믿는다. 효과적인 저축과 투자 전략 등 실용적인 정보를 방정식과 그래프가 아닌 스타와 영화 이야기로 알기 쉽게 풀어 놓았다. 월세와 전세, 주택 마련 등 주거 생활의 노하우는 물론 저축 지원과 전세자금 대출과 같은 정부 지원 정책에 대해서도 상세히 설명했다. 하지만 책이 갖는 가

6

치의 최소한은 무엇보다 미래를 책임질 청년에게 전하는 선배의 진심에 놓인다. 감사한 마음으로 일독을 권한다.

• 박용수 KPMG삼정회계법인 금융사업본부 전무

내가 지난 25년 동안 공인회계사로서 기업컨설턴트로서 활동을 해오면서 나름대로 현장에서 경험했던 거의 모든 경제 내용들이 이렇게 쉽게 기술되어 있다는 것에 새삼 놀랐다.

동서양과 과거 현재의 수많은 사례들 중 경제를 이해하는 데 적절한 것들만을 뽑아서 현실감 있게 설명해 놓은 점이 보석처럼 빛난다. 내 아이들과 후배들에게 꼭 추천하고 싶은 책이다.

# CONTENTS

4     프롤로그

6     추천사

## 제1장 ★ 유튜브로 돈 벌다

15    유튜브로 돈 벌다

19    라디오와 음악을 사랑한 소년, 대도서관 나동현

22    BJ쯔양의 성공 비결

26    아이폰 등장 후 12년, 세상을 바꾸다

28    컴퓨터와 스마트폰 세상에서 돈 버는 사업가들

32    경제, 정말 몰라도 될까?

## 제2장 ★ 경구警句로 배우는 경제의 기초개념

39    선택에 따른 비용 - 기회비용

41    잃을 것이 없다 - 도전의 경구

43    미생의 명대사 - 선택에 따른 위험

49    매몰비용 - 콩코드 여객기 개발 사례

51    give and take와 교환의 이익

53    점심 한 끼의 경제

55    제로섬게임과 윈윈게임

## 제3장 ★ 시장은 경쟁 중

61    아이스커피, 왜 비싼가 - 수요와 가격

64    살충제 계란 파동 - 공급과 가격

66    시장은 경쟁 중 - 슈퍼울트라 HDTV 해외직구 사례

69    경쟁의 사례 1 - 휴대폰

71    경쟁의 사례 2 - 코닥Kodak과 후지필름

74    현실에는 많은 독과점시장이 존재한다

76    새로운 유형의 독점 - 창조적 독점

79    경쟁 환경에서 어떻게 살아갈까 - 선진국의 사례

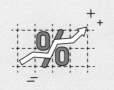

**제4장   정보와 경제**

87    정보의 비대칭이 초래하는 경제문제

90    중고차 시장과 역선택

92    정보비대칭상황에서는 신호발송과 선별

93    본인, 대리인 관계와 도덕적 해이

95    계약의 체결, 성과급제, 스톡옵션

97    가수 신해철 의료사고와 정보의 비대칭

101   정보비대칭과 내부자거래


**제5장   돈과 금리**

108   영화 머니볼 이야기

111   금리란?

114   수익률은 금리와 동일한 개념이다

117   리스크와 수익률의 관계

120   만기와 수익률의 관계


**제6장   자기경제관리**

126   자기경제관리의 첫걸음, 지출관리

128   목돈 만들기 - 정기적금과 청년통장

132   주택청약예금 가입하기

134   목돈 만든 이후의 투자

137   주식투자의 절차와 기본원칙

141   인터넷포탈 증권코너 방문하여 주식 배우기

144   주거안정을 위한 터 닦기

## 제7장 ★★★ 주택 마련과 부채의 활용

151 부동산 투자는 과거와 미래가 다르다
154 레버리지의 활용과 효과
157 주택담보대출이란?
161 저소득 청년을 위한 저리의 전세자금 대출상품
166 중산층 근로자의 일반대출 - 서민금융진흥원 상담센터 활용

## 제8장 ★★★ 주식시장과 투자

171 삼성전자 주가변동과 성공 사례
173 언더독 발굴 스토리
176 코스피 시장과 코스닥 시장
178 가치투자
180 사이클 투자
182 위기가 기회다
185 기업 지배구조의 변동과 주가
187 주식회사의 의사결정 기관
191 강타, 보아, 스톡옵션으로 2억 원을 벌다
195 한국은행의 기준금리 변경과 주식시장

## 제9장 ★★★ 주식회사와 기업회계의 이해

201 기관투자가의 경영참여와 주가
205 경영참여는 무엇이고 어디까지인가?
207 주식회사의 기업공개와 재무상태표
210 어닝쇼크와 어닝서프라이즈
213 기업실적과 손익계산서
216 회계정보의 공시

## 제10장  핀테크와 화폐의 미래

223 핀테크 - 은행노조의 위력을 반감시키다
227 신용카드 해외 사용의 유의사항
230 핀테크의 진화 - 간편결제와 소액송금
233 주식거래는 사이버트레이딩으로
235 가상화폐와 투기자 파탄
240 디지털화폐의 미래

## 제11장  경제, 물가와 부동산 가격

248 빅픽처big picture 경제에 대한 접근
250 금리의 결정과 변동
254 경제상황 판단
257 선진국은 왜 1인당 국민소득이 높을까?
259 물가와 인플레이션
262 부동산 가격의 미스터리
263 에어비앤비와 공유경제

## 제12장  환율과 국제경제

272 외국화폐와 환율
275 환율의 변동요인
278 금리, 환율, 주가 - 버뮤다 삼각지대의 미스터리
281 수출만이 살길이다 - 비교우위
284 최근 환율상승과 한국경제에 대한 영향
287 미중 무역전쟁의 진행과 전망

제1장

유튜브로
돈 벌다

★
★
★

## "역시 햄은 토튼햄이지."

토튼햄Tottenham이라는, 자신이 속한 축구클럽 명칭을 패러디한 손흥민의 아재
(?) 개그다. 유튜브Youtube 채널 '슛포러브shoot for love'가 공개한 손흥민의 런던
일상 동영상에 나온다. 손흥민은 대한민국 국대 축구팀의 핵심이자, 토튼햄
Tottenham의 월드클래스 선수로 성장하였다.

소아암기부 캠페인을 벌이고 있는 슛포러브는 손흥민 등 축구인들의 협조를
얻어 이러한 유튜브 동영상을 제작, 게시하고 있다. 동영상 조회 수 1회당 1원
씩 소아암 단체에 기부된다고 한다. 손흥민의 런던 일상 동영상(제목: 월클 손
흥민의 런던 일상 최초 공개합니다!!! 역시 이러니 월클일수밖에…)은 2019년 2월 11
일 게시되었는데, 불과 1개월도 채 안 되어 조회 수 300만 회를 훌쩍 넘어섰
다. 벌써 기부금이 300만 원이 넘는다는 이야기. 이처럼 유튜브는 경제적 측
면에서도 무궁무진한 잠재력을 갖고 있다.

# 유튜브로
# 돈 벌다

과거 〈개그콘서트〉 봉숭아학당 코너에서 댄서킴 캐릭터로 활약했던 개그맨 '김기수'를 아는가? 김기수는 지금 유튜브Youtube를 무대로 뷰티크리에이터로 변신하였다. 그는 유튜브에서 'Kimkisoo'라는 1인 채널을 방영하고 있다. 자신이 직접 화장을 하면서 화장의 요령과 비법을 맛깔스럽게 전한다. 최근 그의 구독자는 11만 명을 넘었다.

　김기수는 이제 개그맨이라고 불리지 않는다. 뷰티크리에이터 또는 유튜브 방송인이라는 이름으로 불리고 있다. 유튜브 세상이 낳은 신종 직업이다. 그는 어느 인터뷰에서 "대기업 이사 정도의 수입을 벌고 있다."라고 말한 적이 있다. 연수입 1, 2억 원으로 추정된다. 시청자들은 그냥 재미있게 보기만 하는데, 그는 적지 않은 돈을 벌고 있다. 유튜브를 장터로 사업을 창업한 셈이다.

그렇다면 김기수는 어떻게 유튜브라는 장터에서 그처럼 돈을 벌 수 있는가? 우선 유튜브를 살펴보자. 유튜브는 세계 최고의 IT기업 구글 Google의 여러 사업 부문 중 하나이다. 구글이 2006년 벤처사업가 스티브 챈으로부터 사들인 동영상 사이트이다. 당시 16.5억 달러라는 가격에 사들였다. 지금은 광고수입만으로 연 90억 달러(약 10조 원) 이상의 수익을 벌고 있다고 한다. 한마디로 초대박을 친 셈이다. 그런데 유튜브는 윈윈게임win-win game 비즈니스로 돈을 번다는 점이 흥미롭다. 유튜브 비지니스 세계를 잠시 살펴보도록 하겠다.

유튜브 비지니스 세계에서는 김기수 씨 같은 사람을 콘텐츠 크리에

눈썹쉽게그리기

19,141 views

👍 171 👎 351 ↗ SHARE ≡+ SAVE ...

Kimkisoo
Published on Apr 23, 2018

JOIN    SUBSCRIBE 114K

유튜브 방송인 김기수의 1인채널 'Kimkisoo'

이터라고 한다. 즉 뭔가 알맹이 있는 내용콘텐츠을 동영상으로 만들어 유튜브 사이트에 올리는 사람이다. 필요한 것은 카메라와 컴퓨터 혹은 스마트폰뿐이다. 유튜브에서는 동영상에 광고주를 붙여 준다. 그러면 동영상 시청자들은 자신이 원하는 방송을 보기 위해 광고주의 광고를 시청하게 된다. 유튜브는 광고료의 일부를 콘텐츠 크리에이터에게 제공한다. 이런 광고수입만으로 김기수 씨가 연 1억 원 이상을 번다는 이야기다. 유튜브 비지니스모델의 구조를 좀 더 들여다보자.

유튜브 비즈니스에는 네 개의 주체가 있다. '유튜브 동영상 제공자, 유튜브 광고주, 유튜브 본사, 유튜브 시청자'가 그것이다.

★유튜브 동영상 제공자 콘텐츠 크리에이터라고도 불린다. 유튜브 동영상 제공자는 동영상을 만들어 유튜브 사이트에 올리는 사람을 말한다. 동영상의 조회 수와 구독자 수가 일정 숫자 이상으로 많아지면 유튜브 본사에서 광고주를 붙여 준다.

★유튜브 광고주 유튜브 본사에 광고를 의뢰하는 광고주를 말한다. 광고의 종류는 여러 가지가 있다. 시작 전에 5초 정도 나오는 광고, 중간에 하단 배너로 나오는 광고, 10분 이상의 긴 동영상의 중간에 나오는 중간광고 등이 그것이다. 유튜브 광고주는 유튜브 동영상의 조회 수에 따라 산출되는 광고료를 유튜브 본사에 지불한다.

★유튜브 본사 유튜브 동영상 사이트를 관리하는 회사이다. 구글의 자회사 형태로 운영된다. 유튜브 본사는 광고의 종류와 조회 수를 기준으로 광고료를 산출하여 광고주에게 청구한다. 국내의 경우 동영상 조회수 1회당 약 1원의 광고료가 부과된다고 한다. 유튜브 본사는 이 광고수입의 45%를 차지한다. 나머지 55%는 유튜버의 통장에 매달 월급처럼 보내진다고 한다.

★유튜브 시청자 말 그대로 유튜브 동영상을 시청하는 사람들이다. 동영상의 '소비자'라고 할 수 있다.

# 라디오와 음악을 사랑한 소년,
# 대도서관 나동현

어렸을 때부터 라디오와 음악을 사랑했던 한 소년이 있었다. 그의 이름은 나동현. 가세가 기울면서 고등학교 졸업 후 바로 사회에 진출했다. IT회사에서 근무하던 중 콘텐츠 기획이라는, 가슴 뛰는 분야를 발견하고 회사를 뛰쳐나왔다. 처음엔 음악방송을 생각했다. 그런데 본인이 직접 게임을 하면서 맛깔나는 해설을 곁들이는 프로그램을 시작하자 시청자가 늘기 시작했다. 마치 백종원이 요리프로그램에서 직접 요리를 만들면서 매력적인 해설을 가미하여 공전의 히트를 친 것처럼.

이것이 유튜브 채널 '대도서관'의 시작이었다. 2019년 4월 현재 그의 유튜브 구독자 수는 200만을 향해 가고 있다. 그는 2018년 12월 22일 어느 방송 인터뷰에서 유튜브 광고 수입이 월 5, 6천만 원에 달한다고 밝혔다. 또 유튜브에서 인기를 끌면서 CF광고 섭외도 늘어났다고 한다. 그의 책은 출간과 동시에 베스트셀러에 올랐다. 한 해 벌어들인 돈이 9억 원 넘는 것으로 추산되고 있다.

대도서관의 경우 좀 더 다양한 수익모델을 채용하고 있다. 이른바 협업collaboration과 제휴affiliate다. 협업은 사전에 광고주와 협의하여 광고주의 브랜드나 로고를 포함시키는 동영상을 제작, 게시하는 방법이다. 물론 광고주로부터 소정의 광고료를 받는다. 제휴는 링크 연결 방식이다. 동영상에 광고주가 원하는 내용을 넣고, 아래 설명 부분에 광고주의 URL을 적어놓으면 시청자가 이 URL을 따라 들어가 구매한다. 이렇게 해서 발생한 매출액의 일정 비율을 광고료로 받는다. 가장 확실한 방법이고 인기도에 따라 높은 수익을 기대할 수도 있다. 이처럼 다양한 수익모델은, 대도서관처럼 인지도 높은 스타급 유튜버들이 활용한다고 한다.

수많은 젊은이들에게 유튜브는 기회의 땅이 되어 주었다. 특별한 이력이나 능력이 없어도 빛나는 아이디어와 콘텐츠만 있다면 얼마든지 성공의 기회가 열리기 때문이다. 그만큼 요새 유튜브의 파급력과 영향력은 막강하다. 실제로 밀레니얼 세대는 유튜브에서 재밌는 콘텐츠만 찾지 않는다. 네이버나 구글이 아니라 유튜브에서 뉴스를 보고 유튜브에서 실생활에 유용한 정보를 찾는다. 한때 최고의 주가를 올렸던 인스타그램Instagram이 사업철학을 바꾸어 동영상 서비스를 제공하게 된 계기 역시 유튜브에 대항하고자 함이었다. 이제는 젊은이들에게 국한되지 않는다. 남녀노소를 불문하고 스마트폰을 켜면 유튜브부터 찾는다. 말 그대로 유튜브 시대다.

# BJ쯔양의
# 성공 비결

'먹방'은 다양한 유튜브 콘텐츠 중에서도 인기가 높은 편이다. 주로 아프리카TV에서 활약하던 먹방Bj들은 이제 유튜브에도 자신들의 콘텐츠를 업로드하여 인기 크리에이터로 급부상하고 있다. 그중에서도 주목할 만한 유튜버가 있다. 바로 쯔양이다.

먹방도 여러 종류가 있지만, 쯔양의 먹방은 가장 기본적이면서도 단순한 것에 속한다. 그저 짧은 시간 안에 많은 양을 먹으며 시청자들과 소통하는 것이다. 영상의 내용을 보면 입이 떡 벌어진다. '라면 14개 끓여 한 번에 먹기, 성인 남성 3명과 초밥 400개 먹기 대결, 빅사이즈 햄버거 10개 먹기, 돼지 막창 15인분 먹기' 등등 일반 상식으로는 상상하기 힘든 먹방을 거뜬히 해낸다. 그뿐만이 아니다. '몇 분 안에 다 먹으면 공짜'라는 이름으로 메뉴를 홍보하는 가게들도 쯔양의 무대다. 보통 그런 메뉴들은 아무리 건장한 남성도 제시간 안에 도저히 먹기 힘들 만큼의 양이 제공된다. 그래서 실제로 성공하는 사람은 극소수에 불과한, 전형적인 마케팅 수단이라 할 수 있다. 하지만 쯔양 앞에서는 어림도 없다. 마치 도장 깨기라도 하듯, 쯔양은 그런 가게만을 골라 찾아가, 시간을 넉넉히 남길 만큼의 여유를 부리며 태평하게 접시를 비운다. 그것도 모자라 배가 덜 부르다며 다른 메뉴를 더 시켜 먹거나 고기집에서 삼겹살 몇 인분을 더 구워 먹기도 한다.

하지만 진짜 놀라움은 여기에 있다. 바로 쯔양의 정체다. 쯔양은 이제 갓 스무 살을 넘긴, 몸무게가 겨우 50Kg 남짓의, 아직도 소녀의 얼굴이 남아 있는 '여성'이다. 그녀는 저 말도 안 되는 미션들을 늘 밝은 미소와 함께 척척 해낸다. 이것이 바로 다른 먹방 크리에이터들과 차별화되는 쯔양만의 콘텐츠이자 저력이다.

지금 유튜브에서 그녀의 채널은 구독자가 70만을 넘어섰다(지금 이 순간에도 구독자는 눈에 띌 만큼 계속 늘고 있다). 그녀의 영상 중 인기 콘텐츠는 조회 수 300만을 상회한다. 비록 먹방 분야에서 최고의 인기 크리에이터는 아니지만 그녀는 분명 주목할 만한 유튜버다.

그녀의 성공 비결은 무엇일까? 우선 앞서 언급한 것처럼 놀라움을 들 수 있다. 외모만 봐서는 전혀 상상도 할 수 없는 먹방을 해내는 모습에서 시청자들은 놀라움을 넘어 경악하고 이는 계속 다른 영상에 눈이 가게 만든다. 푸드파이터에게는 어울리지 않는 귀여운 외모와

말투, 리액션 또한 놀라움을 일으키는 요소이다. 하지만 놀라움만으로는 그 인기를 다 설명할 수 없다. 시청자들은 그녀의 콘텐츠에서 두 가지 희열을 느낀다. 바로 대리 만족과 성취감이다.

식욕은 인간의 욕구 중 가장 기본적인 욕구다. 그럼에도 우리는 다양한 이유로 인해 마음껏 먹고 싶은 것을 먹지는 못한다. 누군가는 돈이 없어서, 누군가는 그러한 음식을 파는 가게를 찾을 여건이 안 돼서, 누군가는 다이어트 중이어서 그저 욕구를 참아야 한다. 그러한 이들은 쯔양의 영상을 보며 일종의 대리 만족을 느끼고 이것이 희열로 다가온다.

다음은 성취감이다. 쯔양은 도저히 불가능해 보이는 미션을 정해두고 도전에 나선다. 그리고 그 무모한 도전들을 완벽히 수행해 낸다 (물론 가끔은 실패하기도 한다). 어쩌면 현재 우리나라의 젊은이들이 처한 상황과 흡사해 보인다. 취업이라는 높은 벽 앞에서 하루하루를 전쟁처럼 보내는 젊은이들은 무모한 도전에 나서는 쯔양에 자신을 투영시키고 있을지 모를 일이다. 그녀가 미션을 완수하는 모습을 보며 자신 또한 성취감을 느끼는 것은 아닐까?

쯔양의 방송 속에서 우리는 모두 행복하다. 쯔양은 먹고 싶은 것을 맘껏 먹으면서도 큰돈을 벌어 행복하고, 유튜브는 광고수입이 늘어 행복하고, 구독자는 재미있는 볼거리와 대리 만족감 때문에 행복하다. 쯔양의 도장 깨기에 당해 몇 인분의 음식을 공짜로 제공한 가게들은 불행하지 않겠느냐고 할지 모르지만 그 업주들 또한 행복하다. 수십, 많게는 수백만이 보는 쯔양의 영상을 통해 자연스레 홍보가 되지 않는가.

물론 먹방에 대해 우려하거나 비아냥대는 사람들도 많다. 그러한 먹방을 보고 청소년들이 따라하지 않을까 하는 우려는 늘 존재하며, 누구나 할 수 있는 아이템으로 손쉽게 돈을 번다고 욕을 하는 사람들도 적지 않다. 그러나 유튜브 시장은 이미 포화상태다. 누구나 시도할 수 있는 먹방 분야는 더욱 그렇다. 먹방을 통해 인기 유튜버가 되기란 이제 대기업에 들어가는 것보다 훨씬 어려워졌다.

경제에 대해 아무것도 몰라도, 유튜브만 잘해도 돈을 버는 세상. 그런데 꼭 유튜브가 아니어도 여전히 많은 사람들은 경제에 대해 가장 기본적인 상식만을 가지고도 인기 유튜버만큼 돈을 번다. 그것이 바로 우리가 경제를 배워야 하는 이유이다.

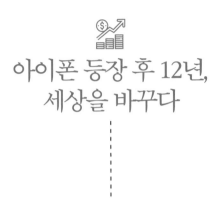

# 아이폰 등장 후 12년,
# 세상을 바꾸다

퍼스널 컴퓨터와 인터넷의 보급, 그리고 2007년 스티브 잡스Steve Jobs
의 아이폰 출시. 그 이후 세상은 완전히 바뀌었고 또 계속 바뀌고 있
다.

이제 사람들은 하루 일과를 스마트폰에 매달려서 보낸다. 음악 감
상, TV 및 영화 시청, 주문 및 결제 등등… 그야말로 하루의 일과, 경제
생활, 여가생활 모두가 스마트폰으로 이루어진다. 2016년 3월 발표된
정보통신정책연구원의 「세대별 스마트폰 이용 특성과 영향력 변화」
보고서를 보자. 미디어 이용 빈도가 TV에서 스마트폰 중심으로 완전
히 변화되었다. 특히 20대의 스마트폰 이용 비중은 89.3%, 30대의 경
우 86.0% 등 연령층이 낮을수록 더 압도적이다.

특히 소비자들의 인터넷미디어 이용과 TV 이용은 완전히 역전되었

다. 이를 대표적인 포탈인 네이버의 광고매출액과 TV 3사의 광고매출액으로 비교해 보자. 2016년도 네이버의 광고매출액은 2.9조 원에 달한다. 이는 같은 해 지상파 TV 3사의 광고수입(1.2조 원)의 2.4배에 달한다. 네이버 등 인터넷미디어가 광고시장의 대세로 자리 잡았음을 보여준다.

퍼스널 컴퓨터, 인터넷과 스마트폰이 바꾸어 놓은 세상. 이는 비단 개인의 일상만이 아니다. 비즈니스 세계도 놀라운 변화가 나타나고 있다. 신종 사업모델이 속속 등장하고 있는 것이다. 다음 에피소드에서는 그러한 사례들 몇 가지를 다루어 본다.

# 컴퓨터와 스마트폰 세상에서
# 돈 버는 사업가들

### 배달의 민족, 김봉진 대표

배달의 민족은 우리가 음식을 주문하면서 이용하는 스마트폰 앱이다. 젊은이들은 배달의 민족을 줄임말로 '배민'이라고 부르곤 한다. 지금은 가장 잘나가는 기업인이 되었지만, 김봉진 대표에게도 처음에는 부침이 있었다. 그는 대학 졸업 후 인테리어 창업을 했다. 대부분의 창업 초보생처럼 재미를 보지 못하고 곧바로 접었다. 어느 날 길거리를 처량하게 걷고 있는데, 수많은 전단지 더미가 발걸음에 채었다. 문득 아이디어가 떠올랐다.

'전단지 내용을 컴퓨터에 담아 스마트폰에 올리면 어떻게 될까?'

그것이 창업의 시작이었다. 별다른 창업 자본금도 들지 않았다. 길거리에서 주운 전단지 5만 장을 컴퓨터에 입력했다. 그리고 앱을 만들어 구글 플레이스토어에 올려놓았다. 그걸로 끝이었다. 젊은이들은 신기하기도 하고 간편하기도 해서 스마트폰에서 배달의 민족을 클릭하기 시작했다. 클릭 한 번으로 주문이 되고 결제도 처리되었다. 그리고 치킨이든 피자든 족발이든 떡볶이든 원하는 음식이 배달되어 왔다. 젊은이들은 이 신기한 이야기를 SNS에 사진과 함께 올렸을 뿐이다. 그는 이제 연 매출액 1,500억 원이 넘는 기업의 오너가 되었다.

### 코스토리, 김한균 대표

그는 필자가 재직 중인 한라대 광고홍보학과를 졸업하였다. 그는 대학 때부터 블로그를 시작한 SNS 인플루언서influencer였다. 피부가 까맣고 여드름이 많았던 그는 피부에 대한 콤플렉스가 심했다. 그래서 용돈을 받으면 좋은 화장품 사는 데 다 쓸 정도로 피부관리에 목숨을 걸었다. 대학 때는 공부보다 아모레퍼시픽 등 화장품 회사에 인턴이나 대외홍보요원으로 활동하였다. 그는 이렇게 자신의 고민을 토대로 익힌 화장품 이용 후기와 요령을 블로그에 올렸다. 그의 블로그 '완소균이 뷰티로그'는 2009년 네이버 파워블로그로 선정되기도 하였다. 그리고 2010년 12월에는 블로그 내용을 정리하여 『완소균이 그루밍북』이라는 책까지 발간하였다.

하지만 대학 졸업 후 2011년 화장품업을 창업하였으나 별 재미를 보지 못했다. 그러다가 결혼하고 낳은 딸을 위해 스스로 천연 아기오 일을 개발하였다. 이름하여 '아빠가 만든 화장품'. 100개를 만들어 블로그에 올리니 금방 팔리고, 500개를 만들어도 다 팔리는 등 반응이 좋았다. 블로그마케팅이 성공의 발판이 된 것이다. 이제 코스토리는 화장품 업계에서 어느 정도 알려진 중소기업으로 도약하였다. 2017년 도의 매출이 2,136억 원, 영업이익이 931억 원에 달하였다.

### 유튜브 장터에서 돈 버는 1인 창업가들

유튜브라는 장터를 무대로 돈 버는 1인 창업가들도 많다. 앞서 처음에 언급되었던, 이른바 인기 '유튜버'들다. 한국의 top 9 유튜버가 한국방송통신전파진흥원에 의해 밝혀졌다(2017년 기준 추산). 그중 키즈 전문 유튜버 '팜팜토이즈'가 한 해 31억 원의 수입을 올려 1위를 차지했다. 키즈 전문 유튜버 '캐리와 장난감친구들'도 19억 원을 벌어 들여 2위를 차지했다. 그 외에 게임 전문 유튜버들이 3개를 차지하는 등 인기를 끌고 있는 것으로 보인다. 과학실험 유튜버, 연애상담 유튜버와 같은 특이한 채널도 높은 인기 덕분에 고소득을 얻는 것으로 나타났다.

구독자 수 기준으로 10만 명이 넘는 유튜브 채널도 1,275개에 달한다. 이에 따라 정부에서는 이들 고소득 유튜버에 대한 납세기준을 마런하여 세금을 부과할 움직임을 보이고 있다.

이러한 유튜브 창업 열풍으로 유튜브 서적도 쏟아지고 있다. 교보문고 등 오프라인 서점가에 가 보면 창업/마케팅 코너에 유튜브 서적이 겹겹이 쌓여 있다. 『유튜브의 신』(2018년 5월, 대도서관 나동현 지음), 『나는 유튜브크리에이터를 꿈꾼다』(2018년 7월), 『유튜브레볼루션』(2018년 8월), 『유튜브컬처』(2018년 9월), 『유튜브마케팅 혁명』(2019년 1월) 등등.

**국내 유튜버 연간 수입 톱9**

(2017년 기준 추산치)

| 유튜버 이름 | 분야 | 연간 수입(추정치) |
|---|---|---|
| 1. 팜팜토이즈 | 키즈 | 31억 6000만 원 |
| 2. 캐리와 장난감 친구들 | 키즈 | 19억 3000만 원 |
| 3. 도티 | 게임 | 15억 9000만 원 |
| 4. 허팝 | 과학실험 | 12억 3000만 원 |
| 5. 대도서관 | 게임 | 9억 3000만 원 |
| 6. 악어 | 게임 | 7억 6000만 원 |
| 7. 밴쯔 | 먹방 | 7억 원 |
| 8. 대정령 | 게임 | 6억 3000만 원 |
| 9. 김이브 | 연애상담 | 6억 1000만 원 |

자료: 한국방송통신전파진흥원
출처: 중앙일보 2019월 1월 2일 자, "일상이 돈 된다"…구글 인수 12년 만에 '황금알' 된 유튜브, 기사에서 발췌

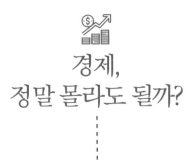

# 경제,
# 정말 몰라도 될까?

인터넷과 스마트폰이 바꾸어 놓은 세상. 이제 사람들은 거창한 경제 지식이나 고급의 재테크 기법 혹은 탁월한 사업 수완이나 특급 정보가 없더라도 얼마든지 돈을 벌 수 있는 기회의 장에 서 있다. 특별한 아이디어와 콘텐츠만 있다면 누구나 부자라고 불릴 만큼 돈을 벌 수 있는 것이다. 유튜브만 봐도 알 수 있다. 실제로 초등학생들에게 장래 희망을 묻는 설문조사에서 유튜버가 상위권을 차지하기도 한다. 하지만 유튜브로 돈을 번다는 게 말처럼 쉽지 않다. 누구나 알고 있다는 것은, 그만큼 경쟁률이 치열함을 의미한다. 이제는 인기 유튜버가 되기가 고시를 패스하는 것보다 어려워졌고 점점 더 어려워질 것이다.

　돈을 벌 수 있는 방법은 분명 다양해졌음에도 여전히 대다수의 사람들은 월급쟁이 신세를 면하지 못한다. 반면 인터넷이나 스마트폰에 기대지 않고도 인기 유튜버 이상으로 돈을 버는 사람들도 많다. 우리는 지금 선택의 기로에 서 있다. 시대의 변화를 받아들여 인터넷 세상 속으로 뛰어들 것인가, 아니면 기존의 경제질서 속에서 노력을 계속해 나갈 것인가이다. 무엇이 되었든 간에 우리가 잊지 말아야 할 사실이 있다. 그래도 최소한의 경제지식은 갖춘 상태에서 부를 쌓고자 하는 시도에 나서야 한다는 점이다.

기존의 방식대로 부를 쌓고자 한다면 경제지식은 기본이다. 자기경제관리부터 시작하여, 재테크 기법, 거시적 관점에서의 경제를 보는 눈까지 필수요소라 할 수 있다. 인터넷 세상 속에 뛰어들 때도 마찬가지다. 돈을 벌 수 있는 새로운 수단이 등장했다지만 이를 활용할 때 기본적인 경제지식을 알고 있느냐와 그렇지 않느냐의 차이는 크다. 혹여 운 좋게 큰돈을 벌었다고 해도 마찬가지다. 그 다음에는 어떻게 할 것인가? 일순간에 큰돈을 벌었다가 1, 2년도 안 되어 쪽박을 차는 사례를 우리는 얼마든지 볼 수 있다. 돈을 버는 것도 중요하지만 이를 유지하고 더 커다란 부를 쌓는 고민은 더욱 중요하다. 그리고 그 시작이 바로 경제지식의 섭렵이다.

이 책의 목적은 거기에 있다. 요새 많은 이들이 경제를 잘 몰라도 된다고 생각하곤 한다. 우선 기본적으로 경제는 어렵다는 생각이 바탕에 깔려 있고, 조금이라도 더 쉬운 길을 선택하려 하는 현대인들의 성향 때문이기도 하다. 하지만 경제는 배워야 할 것이 아니다. 자유경제

시대를 살아가는 이들에게 '경제'는 학습 대상이 아니라 생활의 일부가 되어야 한다. 그리고 이 책은 현대인이 갖춰야 할 최소한의 경제지식을 담고 있다.

복잡하고 난해한 그래프나 해설이 없더라도 누구나 이해할 수 있는 경제 이야기가 과연 가능할까? 다음 장부터 그 가능성에 대해 직접 확인해 보길 바란다.

제2장

경구警句로 배우는
경제의 기초개념

★
★
★

영화 〈해리 포터와 비밀의 방〉에서 나오는 장면이 있다.

덤블도어 교수가 해리에게 말한다.

"해리, 우리의 진정한 모습이 어떤지 보여주는 것은 말이야, 우리의 능력이 아니라,

우리의 선택이란다."It is not our abilities that show what we truly are, It is our choices.

경제생활에 있어서도 마찬가지다. 수많은 상황에서 어떤 선택을 하느냐가 결과를

좌우한다. 선택을 잘하는 것이 진정한 능력이다.

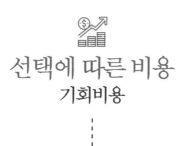

# 선택에 따른 비용
## 기회비용

지난해 2학기. 4학년생 중에 김철수(가명)라는, 제법 잘생긴 학생이 있었다. 대표학생이라 가끔 커피를 나누곤 했다. 어느 땐가 '선택과 포기' 수업이 끝난 후 그는 자신의 실패담을 이야기해 주었다.

"교수님, 어제 저녁 공짜 술 기회가 있었습니다. 친구 하나가 취업을 했다며 크게 한턱 쏜다고 연락이 왔습니다. 그런데 갑자기 좋은 소개팅 제의가 들어왔어요. 고민 끝에 공짜 술은 포기했습니다. 그리고 조금은 불안한 마음을 안고 소개팅으로 갔는데… 결과는 '역시나'였어요. 에휴…."

이것이 일상사다. 우리는 두 개 이상의 선택지가 제시된 상황에서 하나를 선택하는 삶을 살고 있다. 하나를 선택하면 다른 것은 포기해야 한다.

**기회비용은 쉽게 말해 포기함에 따른 비용이라는 개념**으로 사용되고 있다. 즉 무언가를 선택함으로써 기존의 것을 포기하게 되고, 포기함에 따른 비용이 발생하게 되는데 이러한 포기에 따른 비용을 의미한다. 새로 사업을 시작하려 하는 홍길동의 경우를 보자.

홍길동은 현재 중소기업에 다니고 있으며 연봉은 2천만 원이다. 사업을 새로 시작하는 경우 예상 수입지출계산서를 보자. 매출수입은 3억 원이고, 비용은 2억7천만 원으로 연간 약 3천만 원의 순이익이 예상된다. 홍길동은 그냥 직장에 계속 다닐 것이냐, 새로 사업을 시작할 것이냐의 선택의 기로에 있다. 만일 새로 사업을 시작한다면 2천만 원의 연봉을 포기해야 한다. 이 비용이 기회비용이다. 사업을 시작함에 따라 연간 3천만 원의 순이익이 기대된다. 사업순이익 3천만 원과 퇴사에 따른 기회비용 2천만 원을 비교해 보자. 그는 사업을 시작하는 것이 더 나을 것이다.

# 잃을 것이 없다
## 도전의 경구

앞서 든 예에서 직장인 홍길동에게는 친구 두 명이 있다. 삼성전자에 갓 입사한 회사원 A와 장기구직 중인 취업준비생 B가 있다고 하자. 삼성전자에 입사한 A의 연봉은 5천만 원가량이라고 한다. 반면 취준생 B는 아무런 소득이 없다. 게다가 취업준비 생활을 1년 이상 하느라 몸과 마음이 지쳐 있는 상태다.

여기서 두 사람이 새로 사업을 시작하는 선택 방안을 가정해 보자. 삼성전자의 A는 사업을 시작할 경우 직장에서 퇴사해야 하므로 연 수입 5천만 원을 포기해야 한다. 잃을 것이 너무 많은 셈이다. 반면, 장기구직 중인 취준생 B를 보자. 그는 오랜 구직생활에 이미 지쳐 있는 상태다. 다른 친구의 창업제안이 있으면 곧바로 응할 수 있다. 포기함에 따른 비용이 전혀 없기 때문이다. 이것이 바로 잃을 것이 없는 상황이다.

**신규사업 시 예상 순이익과 갑과 을의 기회비용 비교**

|  | 갑(삼성전자 직원) | 을(취업준비자) |
| --- | --- | --- |
| 신규 사업의 예상순익 | 예상수익 3억 원 - 비용 2억 7천만 원 = 순이익 3천만 원 | |
| 기존 상태에서의 소득(기회비용) | 연간 5천만 원 | 없음 |

"잃을 것이 없다."라고 격려하는 것은 도전을 권하는 의미의 경구다. 영미권 문화에서는 "Try it!"이라는 표현으로 도전을 장려하는 것을 쉽게 볼 수 있다. 젊었을 때 도전하여 실패하더라도 잃을 게 없기 때문이다. 또 도전을 시도하는 과정에서 실패하더라도 배우는 게 있기 때문이다. 에디슨은 100번 이상의 실패를 겪은 후에야 전기를 발명했다고 하지 않은가?

"인생에서 실패한 사람 중 다수는 성공을 목전에 두고도 모른 채 포기한 이들이다."

Many of life's failures are people who did not realize how close they were to success when they gave up.

- 토마스 A. 에디슨Thomas A. Edison

# 미생의 명대사
## 선택에 따른 위험

2014년에 한 케이블 채널에서 방영되어 높은 시청률과 함께 큰 인기를 얻었던 드라마 〈미생〉을 기억하는가. 바둑 용어인 '미생未生'은 바둑판 상에서 대마大馬나 일단의 세력이 아직 살아 있지 않음, 또는 그러한 상태를 뜻하는 말이다. 드라마는 바둑프로 지망을 포기하고, 회사에 들어간 신입사원 장그래를 중심으로 펼쳐지는 냉혹한 사회생활을 생생하게 그리고 있다. 드라마 내용 중에 이런 대사가 있다.

"위험한 것에 과감히 뛰어드는 것만이 용기는 아니다. 뛰어들고 싶은 용기를 외면하고 묵묵히 나의 길을 가는 것도 용기다."

앞의 기회비용 사례로 다시 돌아가 보자. 중소기업에 다니는 홍길

드라마 〈미생〉

동의 사례에서 좀 더 현실적인 가정을 두세 개 추가해 보자.

- 그가 새로운 사업에 투자할 자금이 거금 3억 원에 이른다.
- 그가 산출해 낸 예상수익은 여러 가지 가정을 전제하고 있어서, 상당히 불확실한 전망에 근거한 것이다.
- 또 현재의 직장인 중소기업에는 근무를 시작한 지 1년 정도밖에 지나지 않았다.

이러한 가정 등이 추가되면 신사업은 상당한 리스크를 내포한 위험한 사업이 된다. 아직 창업에 대한 준비가 충분히 되지 않은 상황이라면 더욱더 위험스러운·risky 도전이다. 바둑으로 비유해 보자. 바둑의 국면이 불리하게 전개되는 경우, 승리를 위해 대담한 도전을 할 수도 있다. 그러나 남의 집이 너무 커 보인다는 이유만으로 뛰어들었다가 대마가 잡힌다면 어떻게 될까? 일거에 패배의 수렁으로 떨어질 수도 있다. 남의 집, 즉 위험한 곳에 뛰어드는 것은 충분한 준비를 갖춘 다음으로 미루는 용기도 필요하다. 우선은 자신이 다니는 중소기업에서 충분한 준비 작업을 거쳐야 할 것이다. 업무를 하는 요령도 배우고, 거래처 사람들과의 인간관계도 충분히 구축해 놓을 필요가 있다. 아울러 신사업의 시장상황, 경쟁자의 현황, 나만의 사업전략 등에 대해 충분한 준비가 필요하다.

특히 우리나라의 창업 여건은 미국 등 구미선진국에 비해 열악하다. 거래관계의 개척, 신기술/신서비스 규제 등에서 그러하다.

★**거래관계의 개척** 미국의 경우 실리콘밸리는 스타트업의 온상이다. 테크tech-스타트업의 집합체이기 때문이기도 하지만 다른 이유도 있다. 품질 좋고 가격이 싼 신기술을 개발한다면 대기업 등 거래업체가 쉽게 사 주는 문화적 토양이기 때문이다. 우리나라의 경우 거래의 인적관계가 마치 보이지 않는 장벽처럼 작용하는 경우가 많다. 그래서 신기술만으로 거래관계를 시작하기가 힘들다고 한다.

★**신기술/신서비스 규제** 우리나라에서는 신기술/신서비스를 개발하더라도 규제의 벽에 가로막히기 십상이다. 창업기업이 조금 특이한 것을 개발하여 사업화하고자 하면 정부 각 부처의 사전 검토와 인허가가 있어야 가능한데, 규제의 속성으로 인해 쉽지 않은 모양이다. 그래서 국내의 일부

창업자들이 미국의 실리콘밸리로 가는 사례가 많다고 한다. 미국의 규제 체계는 네거티브 시스템으로, 규제의 벽이 투명하다고 한다.

그렇다고 우리나라에서 창업이 어려운 것만은 아니다. 또 창업에 성공하는 사례도 아주 많다. 몇 가지 창업 사례와 성공 모델에 대해 살펴보자.

## B2C 비즈니스로 성공한 의류회사 SYJ

SYJ의 김소영 대표는 20대에 의류회사를 창업하여 2년 만에 연 매출액 100억 원을 달성한 사업가다. 경쟁이 치열하기로 소문난 의류시장에서 그녀는 어떻게 창업에 성공하였을까? 그녀의 창업 콘셉트는 '참신한 아이디어 + 인터넷쇼핑몰'의 단순한 결합이었다. 그녀는 전문대를 졸업한 후 혼자서 의류 인터넷쇼핑 사업을 시작하였다. 그러던 어느 날, 문득 이런 생각이 들었다고 한다.

'LG패션, 제일모직 등 대형 봉제공장에서는 쓰고 남은 자투리 원단을 쓰레기로 버렸다. 하루에 5톤 차량으로 20대의 분량이 나왔다. 게다가, 그걸 돈을 내고 쓰레기로 버려야 했다. 저 자투리 원단을 이어 붙이는 기술을 개발한다면…'

그녀는 자투리 원단을 이어 붙여 쓸모 있는 원단으로 만드는 기술을 개발했다. 그리고 대기업으로부터 자투리 원단을 싼 값에 사들였다. 패딩 점퍼나 맨투맨 티셔츠를 만들 때 앞판은 자투리 원단을, 뒤판은 새 원단을 사용하니 원가가 40% 정도 감소되었다. 그렇게 인터넷 쇼핑몰에서 경쟁사 제품의 절반 가격에 판매하니 대성공이었다. 물론 참신한 아이디어가 시작이었다. 하지만 더욱 주목해야 할 점은 인터넷쇼핑몰이라는 신형 장터를 통한 B2C 비즈니스가 대성공의 도약대가 되었다는 점이다.

이처럼, 우리나라에서의 창업 성공사례는 B2C 비즈니스 부문에서 특히 활발하다. B2C란 Business to Customer, 즉 창업기업이 일반 소비자들을 직접 상대하여 상품을 판매하는 비즈니스 모델을 의미한다.

B2C와는 별개로 B2B라는 말도 들어보았을 것이다. 이는 Business to Business 비즈니스, 즉 창업기업이 다른 기업을 상대로 판매 등 영업행위를 하는 비즈니스를 말한다. B2B에 비하여 B2C 비즈니스 창업이 많은 이유는, 창업자가 인적 네트워크로 거래기업을 개발하여 높은 장벽의 시장 속으로 뚫고 들어가기 어렵기 때문이다.

### 온라인 장터에 마켓 개설방식도 활발

온라인 장터에 마켓을 개설하는 방식도 성공사례로 자주 등장한다. 예컨대 네이버 스마트스토어가 대표적이다. 사례를 보자. 20대 직장인 이 모 씨는 2017년 다니던 회사에 사표를 던졌다. 그리고 1인 마켓 창업에 도전하였다. '커플잠옷'이라는 아이템을 개발, 네이버 스마트스토어에 마켓을 열었다. 10개월 만에 3억 원어치의 상품을 팔았고, 순수입만 1억 원에 이른다고 한다.

또, 무명의 인디게임 제작팀 Team Horay의 성공사례도 흥미롭다. 22살 동갑내기 네 명이 Team Horay를 결성한 것은 2016년. 약 1년 4 개월간의 가내수공업 끝에 게임 '던그리드Dungreed'를 시장에 출시하였 다. 세계 최대의 PC게임판매 온라인스토어인 스팀STEAM에 올리자 단 숨에 랭킹 30위에 올랐다. 덕분에 출시 한 달 만에 8만 장을 판매, 판매 수입 8억 원을 기록하는 등 성공을 거두었다. 클라우드(cloud: 기업이 자 체 서버나 저장 공간을 두지 않고, 인터넷과 연결된 외부의 중앙컴퓨터에 소 프트웨어나 데이터를 저장하여 이를 이용하는 것, 혹은 그 중앙컴퓨터)와 모 바일 기기의 보급으로 누구나 게임을 만들어 전 세계에 팔 수 있는 유 통환경이 성공의 한 요인이라고 개발자는 인터뷰에서 밝힌 적 있다.

이처럼, 네이버 스마트스토어 등 온라인 장터의 보급은 창업기업의 마케팅에 엄청난 도약대로 작용하고 있다. 과거에는 창업자가 인터넷 쇼핑몰을 구축하여 마케팅을 하였으나, 이는 홍보가 쉽지 않고 방문 자를 늘리기 어렵다는 단점이 있었다. 그러나 이제는 온라인 장터에 마켓을 개설해 두면 고객이 스스로 찾아 들어온다. 경쟁제품보다 더 좋은 품질의 제품을 더 값싸게 만들기만 하면 된다.

# 매몰비용
## 콩코드 여객기 개발 사례

**매몰비용**은 '이미 투입된 비용으로서, 회수하기 어려운 비용'으로 정의된다. 콩코드 여객기 개발은 매몰비용의 대표적인 사례로 종종 거론된다.

1960년대 프랑스와 영국은 초음속 항공기의 공동개발을 추진하였다. 이렇게 완성된 초음속 항공기를 콩코드(Concorde: 화합) 항공기라 불렀다. 드디어 개발을 완료하고 1976년, 상업적 운항을 시작하였다. 이 항공기는 파리-뉴욕 구간 비행시간을 종전의 8시간에서 3시간으로 대폭 단축시켰다.

반면 이 항공기에는 문제점도 있었다. 초음속을 목표로 개발하였기에 기술적인 문제로 좌석 수가 100석밖에 안 되는 항공기였고, 초음속에 따른 엄청난 연료소모 등으로 과다한 비용의 지출을 초래하였다.

만성 적자에 시달렸음은 불문가지不問可知였다. 그럼에도 불구하고, 양국 정부 차원에서 개발한 초음속 항공기라는 자부심에 운항정지 결정은 차일피일 미루어지고 있었다. 결국 2003년에야 운항 중단이 결정되었다. 콩코드 여객기의 실패는 "손실이 지속된다면 과감한 포기를 하는 용기가 필요하다."라는 교훈을 남겨주었다. 이 사건을 일컬어 콩코드 오류Concorde fallacy라고도 부르며, 매몰비용의 대표적인 사례가 되었다.

대학 경영학과 교수로 재직하고 있기 때문에 공인회계사, 행정고시 등 다양한 고시 준비생들을 많이 접한다. 그런데 대학을 졸업하고도 5, 6년 동안 공부를 계속하는 고시 준비생들의 사례를 종종 접한다. 그동안 투입한 시간이 아까워 쉽게 포기하지 못한다는 이야기였다. 이것도 매몰비용의 사례에 해당된다.

현대사회는 그 어느 때보다 발전 속도가 빠르고 하루가 다르게 변하는 만큼, 그 누구의 삶도 기다려주지 않는다. 그렇기에 투입한 비용이나 시간을 아까워해서 결정을 미루어서는 안 된다. 이 책을 읽는 독자가 누가 되었든 마찬가지다. 과거는 돌아보지 말고 현재와 미래 기준으로 성공 가능성을 재검토하여, 과감히 지속 여부를 결정하고 행동에 나서야 한다.

# give and take와
# 교환의 이익

시장경제에서는 물건을 사고파는 것을 '교환'이라고 한다. '거래'인 셈이다. 이와 같은 거래는 물건을 파는 사람이나 사는 사람 모두에게 이익이 된다. 교환의 이익을 비빔밥의 예로 설명해 보자.

**비빔밥, 만들어 먹는 게 나을까 그냥 사 먹는 게 나을까** 자취를 하는 대학생이 한 명 있다. 그 학생이 비빔밥을 만들어 먹으려 한다고 가정하자. 그가 비빔밥을 만들기 위해 시장에 간다면, 햇반 하나, 콩나물한 움큼, 시금치나물 한 움큼, 그리고 계란 한 개를 사는 데 대략 1만원이 넘는 비용이 들 것이다. 그러나 그가 근처 식당에 간다면, 참기름에 고추장까지 가미된 맛있는 비빔밥을 7, 8천 원에 사 먹을 수 있다. 왜냐하면 식당 주인은 각각의 재료를 대량으로 구매함으로써, 단위당

비용을 낮출 수 있기 때문이다. 그는 원재료 비용에 필요한 만큼의 이익을 추가하여 단가 7, 8천 원의 비빔밥을 소비자에게 내놓을 수 있는 것이다. 따라서 식당에 가서 비빔밥을 사는 거래야말로 소비자에게도, 식당주인에게도 이익이 되는 것이다. 즉 '교환의 이익'이 명확히 나타난다.

give and take는 비즈니스 사회에서는 약간 다른 개념으로 사용되기도 한다. 즉 거래관계에 있어서는 내가 상대방에게 이득을 기대하는 만큼, 거래 상대방도 기대이득이 있어야 된다는 의미다. 다시 말해 '누군가에게 거래를 요청하는 경우 내가 상대방에게 이득을 주어야 한다'는 것이다. 이를 '점심 한 끼의 경제'로 설명해 보자.

# 점심 한 끼의
# 경제

필자는 오랫동안 다니던 공공기관 생활을 정리하고 2010년 초, 민간 금융회사로 전직하게 되었다. 새로운 직장으로 옮기는 일은 누구에게나 힘들다. 필자가 맡은 팀은 직원이 단 두 명에 불과한 상황이었다. 다른 여러 부서들의 협조가 없으면 업무를 수행하기가 쉽지 않았다. 그래서 우선은 유관 부서 직원들의 인적사항을 살펴봤다. 우선 A부서 팀장이 동향同鄕이었고 대학도 같은 점이 눈에 띄었다.

필자는 그에게 간단히 점심으로 김치찌개나 하자는 제안을 했다. 흔쾌히 수락한 팀장과 식사를 하며 자연스레 회사의 분위기 등을 묻고, 도움도 요청하였다. 다행히도 그 팀장은 성격이 쾌활한 편이어서 회사의 상황, 인적관계 등 많은 이야기를 해 주었다.

그 후 A부서에 일로 전화를 하면 모든 일이 쉽게 풀렸다. B부서 팀장에게도 유사한 방식을 활용했고 B부서와의 협조도 원활해진 건 마찬가지였다. 점심 값은 개인당 1만 원도 안 된다. 그 정도의 금액으로 산 점심이 훨씬 커다란 반대급부, 즉 원만한 업무협조로 돌아왔다. 교환의 이익인 셈이다.

그러나 무턱대고 금액이 큰 대접을 받는 것은 삼가야 한다. **세상에는 공짜란 없는 법**이기 때문이다.

어느 정부투자기관에 근무하고 있던 지인으로 김철수(가명)가 있었다. 그는 무슨 운동이든지 잘하고 좋아했다. 그중에서도 골프에 푹 빠졌다. 발단은 업무상으로 알게 된 거래업체의 임원과 골프를 하면서 시작되었다. 처음에는 비용을 분담하였지만 어느 때인가부터 그 거래업체 임원이 골프비용을 지불하고는 했다. 1, 2년이 지난 후 그 거래업체 임원이 횡령 및 배임죄로 검찰에 구속되었다. 그 여파는 곧바로 김철수에게까지 미쳤다. 거래업체로부터 골프 향응 2,000여만 원을 받은 뇌물죄로 김철수도 구속되었다.

그동안 공짜라고 생각했던 점심이 '발등에 떨어진 믿는 도끼'가 되어 돌아온 것이다. 세상에 공짜가 없다는 전형적인 사례다. 선량한 관계라 하더라도 점심 값이 3만 원 이상으로 커지거나, 술 혹은 골프와 같은 자리로 확대되는 것은 피해야 한다.

# 제로섬게임과
# 윈윈게임

제로섬게임은 승자의 득점과 패자의 실점의 합계가 제로가 되는 게임이다. **제로섬게임이란 영어로 zero-sum game이다. 즉 '양자의 이득 손실 합계가 제로가 되는 게임'**을 의미한다. 이러한 제로섬게임에서는 승자가 패자의 점수를 빼앗는 결과가 되므로 극심한 경쟁과 마찰을 초래한다. 이 개념은 1971년 레스터 더로우Lester Thurow가 쓴 『제로섬 사회』가 발간되면서 유명해졌다.

최근 미중 무역분쟁이 대표적인 제로섬게임이다. 두 나라 간 무역 거래에서 한 나라가 무역수지 흑자이면, 다른 나라는 무역수지 적자가 된다. 따라서 심각한 무역수지 불균형은 국제간 마찰의 원인이 되곤 한다.

2017년 기준으로 미국은 중국과의 무역거래에서 약 3,700억 달러의 무역적자를 기록하고 있다. 트럼프 대통령은 중국에 대해 무역적자의 축소를 요구하고 있다. 예컨대, 3,700억 달러를 제로로 만든다면, 중국은 그만큼 손해를 보게 될 것이다. 미국이 이득을 보는 만큼 중국이 손해를 보게 되는 게임이다. 이것이 제로섬 게임의 대표적 사례다.

**원원게임**win-win game**은 나와 거래 상대방 모두가 이익을 보는 비즈니스 거래**를 말한다. 유튜브의 원원게임 사례를 살펴보자.

★**유튜브의 수익분배전략은 원원게임** 유튜브는 잘 알다시피 중국계 미국인 스티브 첸Steve Chen이 개발한 동영상 사이트다. 스티브 첸이 개발했을 당시에는 동영상 동호인들이 스스로 개발한 동영상을 업로드하는 웹사이트로 출발했다. 당시 사이트 방문자는 수백 명에 불과하였다. 그러다가 2006년 10월, 구글에서 이 유튜브를 인수하였다. 인수 후 유튜브의 CEO를 맡았던 채드 헐리Chad Hurley는 2007년 1월 스위스에서 열린 다보스포럼에 참석하여 이런 구상을 밝혔다.

"유튜브는 앞으로 창의적인 콘텐츠를 올리는 사용자에게 대가를 지불하겠다. 수익을 사용자들과 나누는 정책은 UCC의 창의성을 장려해 유튜브의 콘텐츠를 개선하고자 하는 데에 목적이 있다."

바로 원원게임의 구상이었다. 창의적인 동영상을 만들어 게시하면 광고주를 붙인다. 유튜브 회사는 광고료 수입의 절반을 포기하고 는 동영상 게시자에게 제공했다. 이후 유튜브에는 창의적인 동영상 이 급속도로 늘어났다. 더불어 시청자들의 조회 수도 기하급수적으로 불어났다. 좋은 동영상과 방문자가 급증하자 전체 파이, 즉 유튜브의 광고수입도 대폭 확대되었다. 결과는 대박이었다. 이것이 win-win business의 전형이다.

　사회생활을 할 때, 자신에게만 이득이 되는 일을 타인에게 부탁해 서는 성사되기 어려운 법이다. 항상 자신과 상대방이 이득을 나누어 갖는 아이디어를 개발해야 한다. 한 거래에서 직접적으로 이득을 분 배하는 것이 우선은 쉽게 생각할 수 있는 방법이 될 것이다. 여의치 않 다면, 다른 분야에서 상대방에게 이득을 주는 아이디어라도 개발할 필요가 있다. 예컨대, 상품의 거래에서는 자신이 이득을 보되, 상대방 으로 하여금 내가 가진 대리점 네트워크를 공유할 수 있게 하는 방법 이 하나의 사례가 될 수 있을 것이다.

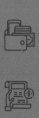

제3장

시장은
경쟁 중

<        bts.official        ···

BTS bts.official        ···

♥ Q ⊿     ● · · · ·     🔖

좋아요 1,825,310개
bts.official #BTS #방탄소년단
댓글 27,266개 모두 보기

⌂    Q    ⊞    ♡    ●

2018년은 방탄소년단의 열풍이 폭발한 해였다. 2018년 5월 마지막 주, 빌보드200Billboard200 차트에 방탄소년단의 앨범이 1위로 올랐기 때문이다. 게다가 9월의 첫 주에도 또 다른 앨범으로 다시 1위에 올라서는 기염을 토했다.

빌보드 200은 미국 내에서 판매되는 음악앨범EP 포함의 판매량을 집계하여 순위를 매기는 대중음악 인기도 집계 차트이다. 앨범시장은 일반 소비자들이 선호하는 앨범을 사는 시장이므로 치열한 경쟁시장이다. 그 외에도 방탄소년단은 탑소셜아티스트Top Social Artist 상을 2년 연속 수상하였다. 탑소셜아티스트 상은 SNSSocial Networking Service, 구글, 유튜브 등에서 언급, 검색, 조회 및 트윗 되는 횟수로 순위를 결정한다.

이렇듯 시장에서는 수요가 중요하다. 수요가 많으면 많이 판매되고 인기도 높아진다. 특기할 만한 것은, 방탄소년단의 성공은 SNS의 효과적인 활용에도 힘입은 바 크다는 점이다. 이 덕분에 앨범판매가 늘었고, 탑소셜아티스트 상도 수상하였다. 스마트경제에서 SNS미디어 수단을 이용하여 성공한 대표적인 사례라 할 만하다.

# 아이스커피, 왜 비싼가?
## 수요와 가격

요즘 사람들은 핫커피hot coffee보다 아이스커피ice coffee에 열광한다. 커피전문점에 가 보면 아이스커피가 핫커피에 비해 500원~1,000원 비싼 것이 보통이다. 아이스커피를 만드는 데 제조비용이 더 많이 들어서인가? 그러나 팩트Fact를 체크해 보면, 커피 제조비용에서 재료비의 비중은 아주 적다. 원두, 얼음, 용기 등 재료비가 차지하는 비중은 소매가격의 5% 또는 150원 미만에 불과하다. 그 외의 비용에는 임차료·물류비용·로열티·인건비·광고 등 마케팅 비용이 큰 부분을 차지한다. 따라서 얼음 비용은 극히 미미하다.

그러면 무엇 때문에 아이스커피가 비싼가? 그리고 가격이 비쌈에도 불구하고 왜 사람들은 핫커피보다 아이스커피를 사서 마시는가? 그것은 바로 아이스커피 기호에 따른 높은 수요 때문이다. 이렇듯 수요와 가격의 원리는 간단하다. **수요가 많으면 가격이 높아진다.**

반대로 수요가 적어진다면 가격은 낮아질 것이다. 2, 3년 전부터 시작된 한한령(限韓令: 중국 내 한류 금지령)으로 중국인 관광객이 급감한 지 오래다. 그 이후 관광지의 관광시설 요금도 점차 내렸다. 이것은 수요가 줄어서 가격이 내린 케이스다.

〈한국경제신문〉 2018년 12월 29일 자 12면에 기사가 하나 실렸다. 헤드라인은 "토종 앱장터의 반란…원스토어, 게임매출 애플 제쳤다" 였다. 기사의 내용은 이렇다.

"그동안 **스마트폰앱**응용프로그램 장터시장에서 구글과 애플이 장악해 왔다. 그런데 국내 통신사들이 연합하여 토종 앱장터 원스토어를 출시했다. 처음엔 외국기업과 마찬가지로 앱 판매수익의 30%를 수수료로 뗐다. 고객들이 외면하자 올해 7월 수수료를 앱 판매수익의 5%로 대폭 낮추었다. 이제 게임구매자들이 몰려들었다. 그 결과 2018년 12월 매출액에서 애플 앱스토어를 앞질렀다."

결론은 단순하다. 가격을 낮추니 수요가 몰린 것이다. 수수료율을 앱 판매수익의 30%로 받다가, 5%로 대폭 낮추자 사람들이 몰린 것이다. 수요자들이 늘어난 것이다. 그래서 수요이론을 요약하면 다음과 같다.

수요가 많으면 가격은 상승한다.

경쟁 상품보다 상품가격을 낮추면 수요가 증가한다.

# 살충제 계란 파동
## 공급과 가격

2017년에 우리나라에서 살충제 계란 파동이 발생하였다. 살충제 계란 파동은 원래 유럽에서 발생된 사건이다. 살충제 농약 성분인 피프로닐Fipronil에 오염된 계란과 난卵제품이 유통된 사건이다. 그런데 한국에서도 그러한 계란이 발견된 것이다. 경기도 남양주시 소재 산란계 농가 한 곳에서 유해성분인 피프로닐이 검출되었다. 광주시의 농가 한 곳에서는 기준치를 초과한 비펜트린Bifenthrin이 검출되었다. 정부는 8월 14일부터 모든 계란의 출하를 중지시켰다. 그리고 대형 산란계농장에 대한 조사에 착수하였다.

정부의 조치로 인해 한동안 계란의 공급이 급감하였다. 이에 따라 계란 가격은 폭등하였다. 이렇듯, 공급이 감소하면 가격은 상승한다. 반대로 공급이 증가한다면 가격은 하락할 것이다. 살충제 계란 파동이 마무리되고 계란의 공급이 정상화되자 계란 가격은 점차 하락되었다. 공급이 증가하여 가격이 하락한 것이다. **공급이론**을 요약하면 다음과 같다.

**공급이 감소하면 가격은 상승한다.**

**가격이 상승하면 업체들은 생산증대를 통하여 공급을 늘린다.**

# 시장은 경쟁 중
## 슈퍼울트라 HDTV의 해외직구 사례

2018년 11월 14일 자 〈조선일보〉에는 해외직구에 관한 흥미로운 기사가 실렸다.

"LG전자 75인치 슈퍼울트라 HDTV를 해외직구로 단돈 228만 원에 구입할 수 있다. 관세, 운송비를 포함한 것이다. 이 가격은 국내에서 구입하는 비용 467만 원에 비해 절반도 안 된다."

바로 해외직구다. 한국에 있는 소비자가 아마존 등 해외의 인터넷 쇼핑몰에서 인터넷 결제 방식으로 직접 물건을 구매하는 것이다. 싼 가격이 최대 장점이다. 미국의 세일시즌인 블랙프라이데이 기간에 물건을 구매하면 국내보다 50% 이상 싼 가격에 구매할 수도 있다. 소비자보호원은 해외직구 품목의 가격 저렴도를 조사, 발표하였다. 유아·아동 용품은 36.5%, 건강보조식품은 34.2%, 의류는 31.7%가 국내구입보다 저렴하다. 평균적으로 31.7% 저렴하다고 한다. 영리한 한국의 소비자들이 직접 경쟁시장의 이점을 포착해 낸 것이다. 이에 따라, 해외직접구매액은 매년 3~40% 증가하고 있다. 2018년에만도 27억5500만 달러(원화기준 약 3조305억 원)로 전년대비 31% 증가하였다.

다만, 해외직접구매는 다소간의 리스크가 있다. 해외에서 국내로 보내야 하는 만큼 배송차질의 우려가 가장 크다. 또 배송된 제품에 하자가 있는 경우 반품도 어렵다. 그래서 배송대행 방법을 이용하기도 한다. 물건을 직접 구매하여 미국 내 배송대행업체로 보낸 후, 배송대행업체로 하여금 국내배송을 대행하게 하는 방식이다. 아예 해외의 구매대행업체에 구매대행 전체를 의뢰하는 해외구매대행 방법도 있다. 결제는 신용카드나 페이팔PayPal을 이용한다(페이팔의 이용 방법에 대해서는 '제10장 - 핀테크와 화폐의 미래'의 신용카드 편에 설명되어 있다).

요즘엔 해외역직구도 활발하다. 해외역직구란 외국에 있는 소비자들이 한국의 인터넷쇼핑몰에서 물건을 구매하는 것이다. 해외역직구액도 급증세를 보이고 있다. 2018년도에만도 해외역직구액은 32억5500만 달러(원화기준 3조5750억 원)로 전년대비 25% 증가하였다. 방탄소년단 등 한국의 K팝, K드라마의 열풍이 한몫을 한 것 같다.

최근 신세계가 '한국판 아마존'을 표방하며 온라인 신설법인 에스에

스지닷컴<sup>SSG.COM</sup>을 출범시킨 것도 이와 무관치 않다. 한국의 인터넷 판매가격은 분명 경쟁력이 높다. 수많은 다이궁(代工: 한국에 입국하여 면세점 등에서 싼 가격으로 물품을 구매해 가는 중국인 보따리상)이 입국하여 물건을 보따리로 사가는 것을 보면 분명하다. 그런데 다이궁의 구매방식보다 인터넷 구매방식이 훨씬 저렴하므로 에스에스지닷컴 등 한국의 전자상거래 업체의 발전전망은 밝다고 본다.

# 경쟁의 사례 1
## 휴대폰

요즘 우리는 경쟁의 시대에 살고 있다. 입시경쟁, 취업경쟁은 물론이고 회사에 입사한 후에는 승진경쟁이 기다린다. 그야말로 무한경쟁의 시대다. 경쟁에서 패배하면 그대로 퇴출된다.

먼저 휴대폰 시장을 살펴보자. 휴대폰 시장은 모든 상품 중에서 가장 치열한 경쟁시장 중 하나이기 때문이다. 특히 과거 휴대폰 시장의 절대 강자였던 핀란드의 노키아가 소멸되고, 이제 중국의 저가폰이 삼성의 아성을 위협하고 있다.

핀란드의 노키아Nokia는 휴대폰 시장의 선두주자로서, 2000년대 초반까지 휴대폰 시장에서 부동의 1위 업체였다. 2000년 출시된 노키아 3310 모델은 출시 이후 전 세계적으로 1억2000만 대가 판매될 정도로 인기를 끌었다. 노키아 휴대폰의 강점은 건전지가 내구성이 있고 성능이 좋은 데다 가격도 상대적으로 저렴하였다. 이에 따라 2003년 6월 노키아의 휴대폰 시장 점유율은 38%에 달하여 1998년 이래 부동의 1위 자리를 유지하고 있었다.

2007년 애플에서 아이폰을 개발하면서 시장 상황은 급변하기 시작하였다. 애플이 1세대 아이폰을 출시하였을 때 스티브 잡스는 단지 휴대폰+뮤직플레이어+카메라를 하나의 디바이스에 결합시키려는 의도였다. 노키아를 비롯한 여타 휴대폰 경쟁업체들도 여전히 자신들이 우월하다는 자부심에 사로잡혀 있었다. 그러나 어느 사이 소비자 트렌드는 변모하고 있었다. 사람들은 새로운 아이폰을 스마트폰이라 부르며 스마트폰에 열광하기 시작하였다.

노키아는 뒤늦게 자체 OS인 심비안Symbian을 탑재한 스마트폰을 개발, 출시하였으나 때는 너무 늦었다. 결국 노키아는 2013년 단말기 사업부문(스마트폰)을 마이크로소프트에 매각하고 스마트폰 시장에서 자진 철수하고 말았다. 노키아 휴대폰은 핀란드 총 수출의 20%를 점하고 있었기에 노키아의 몰락은 핀란드 경제에 커다란 타격이었다(그러나 노키아라는 회사가 소멸된 것은 아니다. 노키아의 통신장비 사업부문은 존속하고 있다. 최근 노키아는 5G사업에서 새로운 경쟁자로 등장하였다).

# 경쟁의 사례 2
## 코닥Kodak과 후지필름

20세기에 카메라가 전성기를 누릴 때 세계 필름시장은 미국의 코닥 Kodac 사와 일본의 후지필름이 양분하였다. 그런데 극심한 경쟁 환경을 겪으면서 한 회사는 살아남았고, 다른 회사는 사라졌다. 무슨 일이 일어났는지 알아보자.

코닥은 1881년 설립되었다. 1976년 전성기에는 미국 필름 시장의 90%, 카메라 시장의 85%를 차지할 정도로 막강하였다. 특히 혁신제품의 개발에도 앞선 기업이었다. 1975년 디지털카메라를 개발하였고, 1986년에는 메가픽셀 센서를 개발했다. 또 1987년에는 OLED를 개발하는 등 상당한 혁신기업 중 하나였다. 그러나 코닥은 자사가 개발한 디지털카메라와 메가픽셀 때문에 기존의 주력제품인 필름시장이 잠식된다고 느꼈다. 어느 순간부터 새로운 혁신기술의 개발에 소극적으로 변했다.

그러는 가운데 애플의 스티브 잡스가 아이폰을 개발, 출시하면서 스마트폰 혁명이 시작되었다. 필름수요는 격감하였고, 당연히 디지털카메라 수요도 대폭 감소하였다. 급기야 코닥은 2012년 12월 법원에 파산보호 신청(우리나라의 기업회생 또는 법정관리와 유사)을 하게 되었다.

일본의 후지필름도 유사한 환경에 처한 것은 마찬가지였다. 그러나 대응은 달랐다. 2003년 후지필름 COO에서 CEO로 발탁된 고모리 시게타카Komori Shigetaka 사장은 혜안이 있었다. 필름의 수명이 다할 것을 예측한 그는 탈脫 필름 구조조정을 시작하였다. 2004년에서 2006년 사이 5,000명의 필름 부문 인력, 필름 관련 설비와 유통망을 정리하였다.

그리고 수많은 화학성분을 취급한 경험과 기술을 이용하여 사업다각화를 개시하였다. 먼저 카메라필름을 변형하여 LCD TV 편광판용 필름을 개발하였고, 필름의 원자재가 콜라겐이라는 사실에 주목하여 피부노화에 좋은 화장품을 개발하여 선풍적인 인기를 끌었다. 또한 에볼라 치료제 아비간Avigan을 개발하는 등 의약품 시장에도 뛰어들었다. 이에 따라 의료, 전자 소재, 화장품의 매출이 전체의 40%에 달하는 등 사업구조는 완전히 변모하였다. 현재 연간 매출액이 2조에서 3조 원에 이르는 등 안정적 경영을 지속하고 있다.

치열한 경쟁 환경에서는 적자생존適者生存의 법칙이 작용한다. 적자 생존 법칙이란 변화되는 경쟁 환경에 적응하는 자가 적자가 되어 살아남는다는 말이다. 노키아 몰락의 교훈은 경영학의 PDS<sup>plan-do-see: 계획-실행-평가</sup> 중 see의 중요성을 일깨우고 있다. 즉 시장모니터링이다. 무슨 사업이든지 시작하였다면 계획대로 진행되는지 세심하게 모니터링해야 한다. 계획대로 진척되지 않는 경우 원인 규명과 대응책 강구 및 실시 등 피드백이 매우 중요하다 하겠다. 코닥의 경우도 마찬가지다. 사업의 장기적 환경이 급변하는 데도 코닥은 그 분석과 대응에 소홀했다. 반면 후지필름은 사업구조의 변화를 예측하여 사업구조를 조정했기 때문에 살아남았다.

---

### 완전경쟁시장이란?

시장경제에서는 완전경쟁시장을 지향하고 있다. 완전경쟁시장은 수많은 가계와 기업이 주어진 시장가격 하에서 동질의 상품을 제한 없이 자유롭게 사고파는 시장으로 정의된다. 완전경쟁시장은 구체적으로 아래의 네 가지 요건을 갖춘 시장을 말한다.

(1) 생산 및 거래대상이 되는 상품의 품질이 동일해야 함
(2) 개별 경제주체가 가격에 영향을 미칠 수 없을 정도로 생산자와 소비자가 많아야 함
(3) 모든 시장 참가자들이 거래에 관한 완전한 정보를 보유해야 함
(4) 시장참가자들의 진입과 이탈, 생산요소의 자유로운 이동이 보장되어야 함

# 현실에는 많은
# 독과점 시장이 존재한다

시장경제에서는 완전경쟁시장이 바람직하다. 그러나 현실은 기대와는 달리, 어느 정도 독과점시장이 만들어지기 마련이다. 독과점시장이란 한 상품이나 서비스의 공급이 한 개의 기업 또는 소수의 기업에 의해 이루어지는 시장을 말한다. 담배를 독점 공급하는 담배 시장, 전기를 공급하는 전기 시장이 독점시장이다. 자동차 시장이나 통신3사가 주도하는 통신 시장이 과점시장에 해당된다고 하겠다.

## 독과점시장의 생성요인

독과점시장의 생성요인으로는 몇 가지가 있다.

첫째, 규모의 경제. 철강, 공장 건설에 대규모투자가 필요하면서 규모의 경제가 발생되는 자동차, 철강업이 이에 해당된다.

둘째, 정부가 특허권, 인허가권을 한 기업에만 주는 경우. 이에는 담배시장이 대표적이다.

셋째, 특수한 목적으로 정부가 직접 독점력을 행사하는 경우. 조선시대 담배와 소금이 이에 해당된다.

넷째, 원재료 독점에 의한 독점. 중국은 전 세계 희토류 생산량의 90%를 공급한다고 한다.

다섯째, 기업이 시장전략 차원에서 인수합병을 통하여 과점을 도모하는 경우. 보통 정부가 인수합병이 과점 및 경쟁제한을 초래하는지 여부를 심사하여 승인을 해준다.

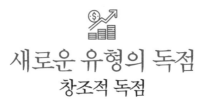

# 새로운 유형의 독점
## 창조적 독점

전통적 의미의 독과점 이외에 최근에는 '**창조적 독점**'이라는 신조어가 유행을 얻고 있다. 창조적 독점이란 용어는 미국의 벤처창업가이자 벤처투자자인 피터 틸Peter Thiel이 고안해 낸 신조어이다. 2012년 국내에도 번역 출판된 그의 저서,『제로 투 원zero to One』에서 최초로 만들어 히트한 것이다.

창조적 독점이란 애플의 아이폰과 같이, 혁신적인 기술제품을 만들어 냄으로써 일정기간 동안 경쟁업체가 없는 독점상태를 말한다. 일종의 기술적 독점으로, 소비자들은 혁신적인 제품 이용에 따른 혜택을 맛보는 것이며, 개발업체는 독점의 이윤을 누릴 수 있는 것이다. 이러한 독점은 누구든지 혁신적인 기술제품을 만들어 내는 이에게 부여되는 창조성의 대가인 것이다.

또 대규모 네트워크/플랫폼에 의한 독과점도 창조적 독과점이다. 구글, 네이버, 페이스북, 유튜브 등이 이에 해당된다. 창조적 기술로 만들어 낸 네트워크/플랫폼인데 여기에 수많은 이용자들이 자발적으로 방문하고 이용함으로써 독과점 상태를 만들어 내는 것이다. "많은 사람들이 방문하는 곳에 광고가 있다."라는 단순한 콘셉트다. 이러한 플랫폼이 광고시장을 지배하고 있다.

인터넷 혁명, 스마트폰의 보급, ICT산업을 기반으로 하는 4차산업 혁명 시대에선 창조적 독점이 성공에 이르는 길이다. 창조적 독점은 아래와 같은 모토를 내걸고 있다.

**"창조하라. 그러면 독점의 이윤을 향유할 것이다."**

그렇다면 국내의 경우는 어떨까? 네이버와 같은 대규모 기업만이 창조의 혜택을 누릴까? 그렇지 않다. 한국에도 수많은 창업자들이 있다. 그중 **넷마블**Netmarble**의 방준혁 대표**를 소개한다.

방준혁 대표는 고등학교 2학년 중퇴가 최종 학력이지만, 굴지의 게임회사를 만들어 낸 창업자다. 그는 고교 중퇴 후 취직, 사업 등 갖가지 일을 전전하였다고 한다. 그러고는 2000년 게임회사 넷마블을 창업하였다. 이 회사를 어느 정도 성공시킨 후 2004년 CJ그룹에 회사를 매각하였다. 그러나 매각 후 넷마블이 하락세로 접어들자 CJ는 다시 그에게 구원을 요청하였다.

방준혁 대표는 2012년 넷마블 지분 48%를 매입하여 복귀하였다. 그가 복귀해 보니 회사의 사정은 생각보다 심각한 수준이었다. 핵심인력은 대부분 떠나 버렸고, CJ넷마블이 개발한 11가지 게임 모두 흥행에 실패했다. 그가 재직 시절 심혈을 기울여 개발했던 총 쏘기 게임 '서든 어택' 판권은 다른 회사로 넘어가 있었다.

방준혁 대표는 서두르지 않고, 회사의 경쟁력이 떨어진 원인부터 분석했다. 그가 지목한 문제는 관료주의와 패배주의, 구태의연한 게임 개발방식이었다. 분석 결과를 전 직원 앞에서 발표하였다. 그리고 실질적으로 조직을 이끄는 중간 관리자와 개발 책임자들을 수시로 만나 혁신에 대한 공감대를 넓혀 나갔다. 사업 전략도 대폭 수정하였다. 스마트폰 보급으로 모바일 게임 이용자가 급증할 것으로 내다보고 우선 모바일게임에 올인하기로 했다.

예상은 적중했다. 2012년 '다함께 차차차'를 시작으로 '몬스터 길들이기' '모두의 마블' '세븐나이츠' 등이 큰 성공을 거뒀다. 넷마블은 다시 급성장을 시작하였고 2016년에는 매출액이 1조5천억 원에 이르렀다. 2017년 5월, 넷마블을 주식시장에 상장하였다. 상장 당시 방준혁 대표는 넷마블 지분 2,073만주[23%]를 보유하고 있었는데, 이 주식만으로 약 3조2천억 원의 부자가 되었다.

# 경쟁 환경에서 어떻게 살아갈까
## 선진국의 사례

이제까지 경쟁과 경쟁시장의 사례에 대해 살펴보았다. 그러나 치열한 경쟁에는 부작용이 뒤따르기 마련이다. 대표적인 것이 소득불평등과 양극화다. 이것은 자본주의의 부작용이기도 하다. 또 사회적 약자의 불안과 절망감을 가속화시킨다. 그 외에, 극한 경쟁은 인간성을 황폐케 한다. 한국의 높은 자살률이 이와 무관치 않다고 본다.

그렇다면 이와 같이 치열한 경쟁 환경에서 평범한 사람들은 어떻게 살아갈까? 우리보다 먼저 자본주의를 도입하고 발전시켜 온 서양의 사례를 살펴보자.

먼저, 자신만의 분야를 정하고 전문화하는 것이다. 세상의 시스템은 수많은 사람들의 협업協業체제다. 세상의 시스템은 다양한 업무, 능력을 요구한다. 따라서 각자는 자기가 잘하는 분야를 선택하여 한 우물을 판다. 이러한 전문화의 바탕에는 다름을 인정하고 존중해 주는 서양의 가치관이 있기 때문이다. 유럽의 중고등학교에서는 각 학생의 잘하는 점을 파악하여 더욱 배양해 준다. 못하는 과목을 80, 90점으로 상향시키기 위해 따로 보충수업이나 과외를 시키지 않는다. 평범하고 단순하지만, 이것이 그들의 교육철학이다.

다음으로, 하는 일 자체를 즐긴다. 독일의 사회학자 막스 베버<sup>Max</sup> <sup>Weber</sup>는 그의 저서『프로테스탄트 윤리와 자본주의 정신』에서 노동의 신성함을 설파하였다. 부자가 되기 위해 일하는 것이 당연하다. 하지만 노동하는 것 자체가 성스러운 행위라고 주장하였다. 이렇듯 서양인들은 어떤 직업에 종사하건 일하는 것 자체에서 즐거움을 얻는 편이다.

그 외, 실수나 실패를 비판하지 않는다. 이와 관련한 히딩크 감독의 명언을 소개한다. 2002년 월드컵에서 대한민국 축구팀 감독으로 뛰던 당시 그가 한 말 중 일부다.


"그것은 게임의 일부다 It's the part of game."


2002년 한일 월드컵에서 대한민국과 이탈리아의 8강전. 전반 5분만에 대한민국은 페널티킥을 얻었으나 그만, 안정환 선수가 실축하고 말았다. 이전 예선리그 미국전에서 이을용 선수가 페널티킥을 실축한

적이 있는데, 안정환 선수가 또다시 실축을 했던 것이다. 경기가 끝난 후 기자가 안정환 선수의 페널티킥 실축에 대해 어떻게 생각하느냐는 질문을 던졌다. 이에 대해, 히딩크 감독이 대답한 말이다.

"축구는 수많은 골 시도와 패스, 그리고 경기가 반복된다. 잘되는 경우도 있지만 잘못되는 경우도 많다. 누구에게나 실수나 패배는 발생한다. 심지어 페널티킥 실축도 경기의 일부로 받아들여야 한다."

히딩크는 실수한 선수를 질책하지 않았고, 다음 경기에서 분발을 촉구하였다. 남의 실수나 실패에 대해 비판하지도 말고, 남이 비판하더라도 대수롭지 않은 일로 치부하는 것이 좋다.

마지막으로, 남과 비교하려 하지 않는다. 미국의 대다수 고등학교 졸업식에서는 종합 1등에 대한 시상을 하지 않는다고 한다. 물론 우수 졸업생들에 대해서는 시상을 한다. 그러나 전체 1등은 존재하지 않는다. 각 과목은 다르고, 각자의 능력이 다르기 때문이다. 이것은 서로 다름을 인정하고 존중해 주는 서양 가치관과 궤를 같이한다. 이러한 서양의 가치관은 지나친 순위경쟁으로 피폐해진 우리나라에서 배울 점이라고 본다.

물론 서양의 문화와 우리나라의 문화, 그리고 국민의 수준과 사회가 처한 환경에는 큰 차이가 존재한다. 누군가는 지금 우리 사회의 상황에서는 너무 비현실적인 이야기라고 치부할지 모른다. 하지만 위에 제시된 내용들이 이상적이고 종래에는 우리 사회가 추구해야 할 가치라면 지금 바로, 개인 자신부터 실행에 옮겨야 한다. 오히려 현실에 순응하는 데만 급급하다가 대한민국 사회가 지금과 같이 위기를 맞았다는 점을 우리는 인지하고 인정하고 고쳐 나가야 한다. 그리고 그 시작은 정부나 기업이 아닌, 우리 평범한 시민 개개인의 손에 달렸다.

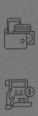

제4장

정보와 경제

★
★
★

로스차일드Rothschild 가문은 18세기 말 금융제국을 일군 유태계 가문이다. 가문의 다섯 아들을 독일 프랑크푸르트, 오스트리아 빈, 영국 런던, 이탈리아 나폴리, 프랑스 파리에 각각 보내 은행을 설립하였다. 18세기 말부터 20세기 초까지 금융제국으로 융성하였다. 그러다가 2차대전 중 나치의 히틀러가 통치하던 기간 중에는 재산 몰수 등 탄압을 받기도 하였다.

로스차일드 가문은 정보의 중요성을 금융의 역사에 남겼다. 이러한 일화가 있다. 1815년 영국군과 프랑스군은 벨기에 브뤼셀의 남쪽에 있는 워털루Waterloo 부근에서 건곤일척乾坤一擲: 운명을 건 단판 승부의 전쟁을 벌였다. 전쟁 초기에는 웰링턴 장군이 이끄는 영국군이 매우 불리하다는 정보가 런던에 퍼졌다. 영국 정부의 국채 가격은 폭락하였다. 그러나 프러시아군과의 연합작전으로 전황은 급속히 영국군으로 기울었다. 이때, 현장에 직접 나갔던 네이선 로스차일드Nathan Rothschild는 공식 정보원보다 하루 빨리 영국으로 돌아왔다. 그리고 국채를 헐값에 사들였다. 그리고 엄청난 돈을 벌었다.

이처럼 정보는 경제에서 중요한 힘이 된다. 그런데 오늘날의 경쟁시장에서는 정보의 균형을 추구한다. 불균형 정보가 불공정경쟁을 초래하기 때문이다. 여기서 거래의 양 당사자 간에 정보의 불균형이 있는 경우 '정보의 비대칭'이라고 한다. 정부는 정보의 균형을 바라지만 현실경제에서는 정보의 비대칭 상태가 만연해 있다. 이번 장에서는 정보의 비대칭이 초래하는 경제 문제와 그 대응책에 대해 살펴보도록 한다.

# 정보의 비대칭이 초래하는
# 경제문제

앞 장에서 완전경쟁시장의 네 가지 요건에 대해 설명하였다. 그중 정보에 관한 요건은 아래와 같다.

"모든 시장참가자들은 거래와 시장여건에 관해 완전한 정보를 갖고 있어야 한다."

그러나 현실은 크게 다르다. 모든 소비자가 거래와 시장 여건에 관한 완전한 정보를 갖고 있다는 것은 이상적인 희망에 불과하다. 사건 발생 후 장안을 떠들썩하게 했던, 지금까지도 논란이 되는 가습기 살균제 사건을 기억하는가? 가습기 제조회사들이 가습기살균제의 부작용에 대해 제대로 된 정보를 제공했다고 생각하는가? 당시 사건을 잠시 더듬어 보자.

2000년부터 전에 보지 못했던 폐질환으로 사망하는 일이 빈번하게 발생하였다. 주목을 받은 것은 2011년 4월 서울아산병원이 "중환자실에 중증 폐렴 임산부 환자가 갑자기 늘고 있다."라고 신고한 후였다. 출산 전후 여성 7명과 40대 남성 1명이 급성 호흡부전으로 입원해 그중 4명이 원인 미상의 이유로 사망했다. 이에 따라 질병관리본부가 역학조사를 실시했다. 2011년 8월 질병관리본부는 원인 미상의 폐 손상은 가습기 살균제가 원인으로 추정된다고 밝혔다. 피해자들의 검찰 고발, 검찰 수사 및 기소가 이어졌다. 지금까지 파악된 피해자만도 사망 266명을 포함하여 1,848명에 이른다.

가습기 생산자들은 가습기 살균제의 성분, 효과 및 부작용 등에 대해 상당한 전문적인 지식을 갖고 있었을 것이다. 그럼에도 소비자들은 아무런 정보도 제공받지 못했다. '정보의 비대칭'이 생긴 것이다.

이처럼 **실제의 시장은 거래 양 당사자 간에 정보의 비대칭이 빈번하다.** 특히 소비자가 제공받아야 할 정보가 부족한 경우가 많다. 가습기 살균제의 부작용에 대하여 알지 못한 소비자들은 사망, 질병 등으로 커다란 피해를 겪어야 했다. 사전에 부작용이나 부작용 가능성에 대해 어느 정도의 정보만 제공했다 하면 그처럼 인명사고가 확대되지는 않았을 것이다. 이러한 사례에서 볼 수 있듯 정보의 비대칭이 존재

하는 상황에서 수많은 불합리가 발생한다. 정보의 비대칭의 다른 사
례를 살펴보자.

# 중고차 시장과
# 역선택

10여 년 전에 중고자동차를 산 적이 있었다. 중고자동차 시장에서 양호한 중고차는 참살구, 불량한 중고차는 개살구라고 한다. 개살구가 판치는 시장을 개살구시장이라고 한다. 중고차 가격의 예를 들어 살펴보자.

어느 중고차 구입 희망자가 있다고 가정하자. 그는 중고차가 개살구라면 매입 희망가격은 300만 원, 참살구라면 500만 원까지 주고 살 용의가 있다. 그러나 현실은 개살구와 참살구를 구별하기 어렵고, 가격은 그 중간인 400만 원 정도로 형성될 것이다. 이 시장에서 정보 열위劣位: 불리한 위치에 있는, 보통의 선량한 사람이 400만 원에 어느 중고차를 구입했다면? 그는 실제 지불해야 할 정상적 가격 300만 원보다 비싸게 구입하는 결과가 된다. 정보가 부족한 상태에 있기 때문에 잘

못된 선택을 한 것이다. 이러한 선택을 역선택<sup>adverse selection</sup>이라고 한 다.

영어 용어로 adverse selection은 '정보의 부족에 기인한 잘못된 선택' 이란 뜻이다. 그런데도 역선택이라는 애매모호한 용어를 사용하고 있 다. 아마도 애초에 일본에서 한자어로 역선택이라 칭한 것을 우리나 라에서 그대로 수입해 온 것 같다.

그렇기에 역선택에 대해 정확히 정의하자면 '**판매자와 구매자 간에 정보의 비대칭이 존재하는 상황에서 정보의 열위에 있는 자가 그 정 보 부족으로 인하여 불리한 선택을 하는 경우**'라고 할 수 있다.

# 정보비대칭 상황에서는
# 신호발송과 선별

이처럼, 정보비대칭적인 상황에서 대응방안은 무엇인가?

**첫째, 신호발송**이다. 양호한 중고차를 가진 측에서 자신의 중고차가 양호하다는 사실을 적극적으로 알리는 것이다. 공산품의 경우 품질인증제도가 대표적이다. 노동시장에서 우수한 취업지망생은 자신의 성적증명서, 자격증 등 정보를 제시할 것이다.

**둘째, 선별**이다. 정보가 상대적으로 부족한 사람이 상대방을 선택하기 위한 방법이다. 품질보증조건을 담은 계약을 체결하는 것이 있다. 상대방으로 하여금 일정수준 이상의 품질을 보장케 하고, 이에 미달하는 경우 손해를 배상토록 하는 것이다. 또, 물품구입 전에 시장에서 생산자에 대한 평판을 조회해 보는 것도 한 방법이다. 오랫동안 제품의 높은 품질을 유지해 왔다면 신용등급이 좋을 것이다.

# 본인, 대리인 관계와
# 도덕적 해이

주식회사에는 본인과 대리인이 존재한다. 기업의 주주가 본인이며, 고용되어 경영을 맡고 있는 경영자는 대리인이 된다. 주주와 경영자 사이에는 정보의 비대칭이 존재한다. 보통 주주에게는 재무제표만 제공된다. 반면 경영자는 회사 내부 상황을 세세하게 알고 있다. 매출의 질, 원가의 세부내역, 부실매출채권 여부, 나아가 종업원들의 성향 등에 대해 상세한 정보를 갖고 있다.

그런데 주주와 경영자는 서로 이해가 다르기 마련이다. 주주는 기업이 많은 이익을 내어, 보다 많은 배당을 해주는 것을 선호할 것이다. 반면 경영자는 자신의 임기 동안 많은 성과를 내려는 경향이 있다. 그러다 보면 경영자가 떠난 후 경영부실이 갑자기 발생한다든지 종업원 이직이 발생하는 등 회사의 지속경영에 악재가 발생하기도 한다. 이와 같이 '대리인경영자이 본인기업의 주주의 이익보다 대리인 자신의 이익을 우선시하는 행동을 하는 것'을 '도덕적 해이moral hazard'라고 한다.

한 번 더 정리하자면 도덕적 해이는 '대리인이 본인보다 정보가 우월하고, 본인이 대리인의 행동을 완전히 감시하지 못하는 상황을 이용하여 대리인이 스스로의 이익을 우선시하여 행동하는 현상'으로 표현할 수 있다. 정보비대칭 상황에 있는 본인과 대리인 관계의 특징은 아래 세 가지로 요약된다.

---

### 정보비대칭 상황에 있는 본인과 대리인 관계의 특징

- 본인과 대리인 간 정보의 불균형이 존재한다. 대리인이 본인에 비해 보다 많은 정보를 갖고 있다. 예컨대 고용된 경영자는 회사 내 여러 정보에 대해 자유롭게 접근하고 이용할 수 있는 반면, 대주주는 공식적 재무정보 위주로 제공받는다.
- 본인이 대리인을 충분하게 모니터링, 관찰하기 어렵다. 대주주는 충분히 모니터링을 한다고 하지만 회계처리의 내밀한 부분 등에 대해 완전히 포착하기는 쉽지 않다.
- 본인과 대리인 간에 이해가 서로 다르다. 대주주는 회사를 경영하여 최대이익을 창출하고 최대의 배당을 받기를 선호한다. 반면 고용된 경영자는 임기 중 최대의 성과급을 받거나, 임기 연장을 받는 데 주된 관심이 있다.

---

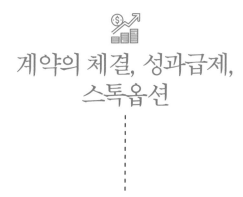

# 계약의 체결, 성과급제, 스톡옵션

도덕적 해이를 방지하는 방법은 무엇일까? 계약의 체결, 성과급제, 성과급의 이연지급, 스톡옵션 등이 대응책들이다. 이들에 대해 차례로 살펴보자.

★**계약의 체결** 도덕적 해이에 대응하는 가장 손쉬운 방법이 계약의 체결이다. 정보비대칭인 주주와 경영자 간에 성과보상제 계약을 체결하는 경우 이러한 도덕적 해이는 상당 부분 예방할 수 있을 것이다. 즉 경영자가 열심히 경영을 하여 일정한 목표 이상의 성과를 내는 경우 그에 상응한 성과보수를 지급하기로 한다면, 경영자는 자발적으로 열심히 일하려 할 것이다.

★성과급의 이연지급 성과급제도 부작용이 발생될 수 있다. 예를 들어, 어느 건설회사가 있다. 경영자에 대해 임기를 3년으로 정하였고, 이제 임기가 끝나는 무렵이라고 하자. 경영자는 부실자산을 축소 계상(計上: 계산하여 올림)하는 유인(誘因: 어떠한 일 또한 현상을 일으키는 원인)이 있기 마련이다. 임기가 끝나는 무렵에 건설지연 물량을 과소 계상한다면 당해연도 이익은 확대될 것이다. 이익의 확대로 성과급을 많이 챙겨 퇴임한 후 건설공사 지연에 따른 부실과 비용증가가 발생한다면? 누가 책임질 것인가? 이에 따라 도입된 것이 성과보수의 이연(移延: 시일을 차례로 미루어 나감) 지급이다. 당년에 발생된 성과급을 이듬해 초에 전액 지급하는 대신 3년 또는 5년으로 이연시켜 분할 지급하는 것이다. 이렇게 하면 천천히 발생되는 경영부실을 충분히 파악하여, 성과급에 반영할 수 있기 때문이다.

★스톡옵션 스톡옵션이란 경영자의 취임 시 일정 수량의 주식매수권스톡옵션을 부여하고, 임기 종료 후 그 주식매수권스톡옵션을 행사할 수 있게 하는 제도이다. 이 스톡옵션은 성과급제의 일종으로 활용되고 있다(스톡옵션의 사례 등 이와 관련하여 보다 자세한 내용은 '제8장 - 주식시장과 투자' 편에서 확인할 수 있다).

# 가수 신해철 의료사고와
## 정보의 비대칭

2014년 10월, 가수 신해철 씨가 비교적 젊은 나이에 급작스레 사망하였다. 이 뉴스가 뜨자 전국이 온통 떠들썩했다. 그도 그럴 것이, 그는 나이가 47세에 불과했고 대중음악계에서 활발히 활동 중이었기 때문이다. 또, 대학가요제를 통해 등단한 이래 마왕이라는 별명으로 널리 알려진 유명 가수이기도 하였다. 멀쩡히 활동하던 그가 갑자기 사망하자 언론은 이 사건을 대서특필하고 사망원인에 대해 집중 보도하기 시작하였다.

고 신해철 씨의 사망사건 원인은 의료과실 사고다. 대표적인 정보 비대칭 영역의 일이다. 당시의 사건 경과를 간략히 짚어 보자.

- 2014년 10월 14일, 고 신해철 씨는 서울의 S병원에서 강 모 의사로부

터 장 협착증 수술을 받았고, 후유증으로 입원과 퇴원을 반복하였음.

- 2014년 10월 27일, 고 신해철 씨는 결국 심정지로 사망하였음.

- 경찰, 곧바로 수사 개시.

- S병원의 강 모 의사, 신해철 씨의 사망사고에 대해 '수술 이후 병원
  측이 주의를 당부한 사항을 고인이 소홀했을 가능성이 있다'고 주장.

- 2014년 11월 21일, 국립과학수사연구소, 부검결과 신해철 씨의 사망
  원인은 '복막염과 심낭염으로 인해 발생한 패혈증'이라는 감정결과
  를 경찰에 전달.

- 2014년 12월 30일, 대한의사협회 조사결과 발표. '의료과실이라고
  단정하기 어렵다' '환자의 협조가 잘 이루어지지 않은 것도 있다'라는
  요지로 발표함으로써 의사의 과실을 부인함.

- 2015년 1월 14일, 의료분쟁조정중재원, 'S병원의 명백한 의료과실'로
  결론을 내린 감정결과를 경찰에 제공.

- 2015년 8월 24일, 검찰, S병원 원장 강 모 의사를 업무상 과실치사 등
  의 혐의로 기소.

- 2018년 5월, 대법원, S병원 원장 강 모 의사에 대해 징역 1년 확정.


이 사건에서 보듯이 보통 의료사고의 경우 의사는 자신의 잘못을
인정하지 않으려 한다. 이러한 상황에서 유가족이 의료사고라고 주장
한들 입증하기 어려운 것이 현실이다. 의료사고 피해자 유가족이 병

원과 의사 측을 상대로 손해배상 소송을 제기한 경우를 가정해 보자. 우리나라의 법체계에서는 입증책임이 원고 측에 있다. 즉 상대방인 의사의 과실을 입증해야 하는 입증책임이 원고 측(피해자와 유가족)에게 있다. 그러나 피해자 또는 유가족 측이 의사의 과실을 입증하기는 매우 어려운 것이 현실이다.

피해자 또는 유가족은 의료전문인이 아니고, 피해자 또는 유가족은 수술 당시 상황에 대한 정보도 없고, 더욱이 피해자 몸속에 행해진 처치는 곧바로 복구되므로 사후 부검에서도 충분히 의사과실을 잡아내기 어렵다. 이처럼 정보비대칭인 상황에서 피해자 측이 의사의 과실을 입증하기란 하늘의 별 따기만큼이나 어려운 일이다.

다만, 고 신해철 씨 의료사고는 곧바로 형사사건으로 비화된 관계로 쉽게 처리될 수 있었다. 이 사건이 워낙 사회적 이슈가 되어서인지 경찰과 검찰은 곧장 의사의 형사적 책임에 대한 수사에 착수하였다. 그리고 경찰과 검찰은 국립과학수사연구원, 한국의료분쟁조정중재원 등 의료전문기관의 협조를 통해 전문가적 정보를 제공받았다. 더불어 압수수색영장 등 강제적 집행권한에 의해 의사나 병원의 치료 및 사후처리 과정에 대한 정보를 제공받았다. 이러한 정보가 충분히 법원의 재판과정에 제공되었다. 이에 따라 대법원은 2018년 5월, 의사에 대해 징역 1년의 형사처벌 판결을 내릴 수 있었다. 충분한 정보가 제공된 상황에서 민사소송이 진행된다면 피해자 측이 매우 유리한 결

과를 얻게 될 것이다. 그만큼 정보의 힘은 경제만이 아니라 우리의 일
상 속에서 막강한 영향력을 행사한다.

# 정보비대칭과
# 내부자거래

정보비대칭으로 생기는 현상 중 하나가 주식회사 내의 내부자가 내부 정보를 부당하게 이용하여 주식거래를 하는 사례이다.

실제로 2016년에 한미약품의 내부자 주식거래 사건이 발생한 적이 있다. 한미약품주식회사는 중견 제약회사로, 기술개발 대박주로 성장한 주식이다. 특히 2015년에는 4건의 기술개발 및 수출로 유명해졌다 (표적항암치료제를 개발하여 베링거인겔하임에 6억4천만 달러의 기술료를 받고 수출 등 4건). 이에 따라 한미약품의 주가는 2015년 초 10만 원대에서 연말경 무려 70만 원대로 폭등하였다.

그런데 뒤이어 한미약품에는 엄청난 내부자거래 사건이 발생하였다. 2016년 9월 29일 주식시장이 마감된 후 한미약품은 1조 원대에 이르는 기술 수출계약을 체결했다고 공시했다. 다음날인 9월 30일 주식시장이 개장된 후 30분이 지나 어제의 기술 수출계약을 파기했다고 공시했다. 그 결과 이날 하루 주가는 18%가 폭락했고, 늦장공시 및 내부자거래 의혹이 제기되었다.

검찰의 수사결과 한미약품 내부직원의 부당한 주식거래 사실이 밝혀졌다. 9월 29일 저녁, 베링거인겔하임으로부터 기술 수출계약 취소의 이메일을 받았음에도 한미약품 측은 늦장공시를 하였고, 9월 30일 아침 정보공시 전에 내부직원 여러 명이 부당한 주식거래를 하였던 것이다. 이들 내부자거래자들은 당연히 법원에 의해 실형 및 벌금 부과 등 처벌을 받았다.

주식회사의 내부자는 업무수행 과정에서 얻은 정보를 이용하여 부당하게 주식거래를 하는 경우 형사처벌의 대상이 된다. 내부자가 정보의 우위를 이용하여 부당이득을 획득하는 행위이기 때문이다. 형사처벌은 물론, 그러한 주식거래로 인해 획득한 부당이득은 벌금 등으로 환수 조치된다.

그렇다면 경제거래를 하다가 또는 공공기관 등과 업무처리를 하다가 **정보비대칭으로 인해 불의의 손실을 입는 경우 어떻게 대처해야 할까?** 많은 경우 일반소비자는 정보부족에 처해 있는 게 보통이다. 이럴 때, 소비자보호를 담당하는 정부부처 또는 공공기관을 활용한다면 도움을 받을 수 있다. 이들 기관에 상대방 측의 피해책임에 대해 조사 및 처리를 요청하면 된다. 이들 기관은 상대방 측에 대해 전문가적 판

단으로 필요한 정보를 요구할 수 있고, 그러한 정보를 통해 조정 또는
중재할 수 있는 권한이 부여되어 있다. 물론, 이것이 부족한 경우에는
어쩔 수 없이 법정 소송으로 가야 할 것이다. 다음은 각 분야별 소비자
보호기관들이다.

---

### 분야별 소비자보호기관

- **금융감독원** 신용카드 등 금융회사와의 금융거래상 피해나 불만
- **한국의료분쟁조정중재원** 의료행위 피해
- **국세청 납세자보호관** 세금업무 불만
- **소비자보호원** 위의 특정 분야에 해당되지 않는 일반제품이나 서비스 전반의 소비자
  피해

---

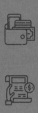

제5장

돈과 금리

★
★
★

영화 〈머니볼Moneyball〉은 메이저리그 야구를 소재로 한 영화다. 헐리우드 배우 브래드 피트가 주인공인 빌리 빈 단장으로 열연하여 큰 주목을 받았다. 유튜브에서 찾아보면 영화의 한 장면인 'Signing Scott Hatteberg'라는 제목의 클립이 나온다. 〈머니볼〉에서 최고의 명장면 중 하나다.

**장면1** 적막감만이 돌고 있는 해티버그의 집. 그의 가족들마저 침울한 분위기, 그때 갑자기 울리는 전화벨, 집으로 찾아온 빌리단장을 맞이하는 해티버그.

빌리: 자네 엘보우(팔꿈치)…, 어떤가?
해티버그: 이제 던질 수 없습니다. 더 이상….
빌리: 우리는 자네를 1루수 포지션으로 원하네.

**장면2** 해티버그는 놀란다. 빌리는 포수가 아닌 1루수의 계약서를 내민다. 그러고는 떠난다. 해티버그는 어린 딸을 안고 있는 아내에게 다가가 포옹을 하고 눈물을 흘린다.

갑자기 빌리라는 마법사가 나타났다. 마치 해리포터가 나타난 것만 같다. 해티버그는 보스턴 레드삭스Boston RedSox에서 뛰던 포수로, 강력한 타격 능력을 지닌 선수였다. 그러나 엘보우 부상 이후 강력한 송구 능력을 상실했다. 포수로서 선수 생명이 끝날 위기에 있었다. 그럼에도 오클랜드

어슬레틱스Oakland Athletics의 빌리 빈 단장은 해티버그를 1루수로 영입한다. 1루수는 볼을 받는 자리다. 강력한 송구가 거의 필요하지 않은 자리다. 수비 부담을 최소화시키고 대신 강력한 타격으로 홈런을 많이 쳐 주기를 기대한 것이다. 부상 때문에 한물 간 선수를, 참신한 발상으로 다시 최고의 선수로 부활시켰다. 그리고 오클랜드는 빌리 빈의 지략 아래 적은 돈을 쓰고도 최고의 팀으로 거듭난다. 이렇듯 돈이 전부는 아니다.

# 영화 머니볼
## 이야기

영화 〈머니볼〉은 실화를 바탕으로 한 영화다. 2003년 출간된 책 『Moneyball: the Art of Winning an Unfair Game』의 내용을 토대로 한 것이다. 2011년 국내에도 개봉되었다. 빌리 빈은 메이저리그의 만년 하위팀이자 오클랜드 어슬레틱스 야구팀의 단장이다. 스몰마켓이자 비인기팀이라는 비애 때문에, 시즌이 종료되면 주력 선수들은 부자 구단으로 팔려 나가고 다시 순위는 바닥을 치는 악순환이 반복됐다. 빌리 빈 단장은 고민에 빠졌지만 좌절하지는 않는다. 대신 예일대 경제학과 출신의 야구 분석가 피터 브랜드를 스카우터scouter로 영입한다.

빌리와 피터는 통계분석에 기초, 무명선수들을 발굴하여 대거 영입한다. 다소간의 우여곡절을 겪었으나 결국 빌리 빈 단장의 방법은 성공을 거둔다. 그해 팀은 아메리칸리그 사상 최초 20연승을 기록한다.

영화 〈머니볼〉 포스터

그것도 모자라 서부지구 우승도 차지한다.

이 영화는 미국에서 폭발적인 호응을 이끌어냈다. 5천만 달러의 예산으로 제작되었는데, 2배 이상인 1억1천만 달러의 수입을 거두었다. 이 영화가 주는 감동의 포인트를 정리해 보자.

첫째, 언더독의 반란이다. 그동안, 미국 메이저리그에서는 야구가 불공정한 게임이라는 속설이 팽배했다. 즉, 부자 구단big market team은 거액의 돈으로 우수 선수를 대거 영입하고, 항상 상위 성적을 내 왔다. 반면 가난한 구단은 만년 하위 수준을 벗어나지 못했다. 오클랜드도 가난한 구단small market team 중 하나였다. 그러나 2002년에 오클랜드는 통계적 분석과 참신한 이론으로 선수를 영입하였고, 지구우승을 차지하였다. 약자가 강자들을 누르고 우승한 것이다. 이른바 언더독 underdog의 반란이었다. 그래서 대중들은 환호하였다.

둘째, 통계적 분석에 기초한 선수 평가다. 그동안 스카우터들은 체격, 스타성, 타격 능력과 직관에 의존하여 선수를 평가하였다. 하지만 경제학과 출신의 피터는 데이터에 근거하여 통계적 분석자료를 제시한다.

셋째, 불우한 선수의 발굴과 적시 활용이다. 스캇 해티버그는 엘보우 부상으로 사실상 선수생활을 마감할 위기에 빠져 있었다. 빌리의 참신한 발상으로 그는 1루수로 부활한다. 그리고 해티버그는 대활약을 한다. 특히 20연승이 걸린 경기에서 대타로 나와, 끝내기 투런홈런을 작렬시키는 장면이 감동적이다.

그렇다. 돈이 전부가 아니다. 물론 돈이 중요하지만, 돈이 세상 모든 일을 지배하는 것은 아니라는 것이다. 이러한 토대 위에서 이번 장을 시작하고자 한다.

돈을 버는 방법은 여러 가지가 있다. 직장에 들어가 월급을 받는 것이 제일 흔한 방법이다. 창업 또는 사업을 해서도 돈을 벌 수 있다. 또 다른 방법이 있다. **돈으로 돈을 버는 방법**이다. 즉 돈을 저축하거나 투자하여 돈을 버는 방법이다. 저축이나 투자를 하여 돈을 버는 상세한 내용은 다음 장에서 설명할 것이다. 여기서는 저축과 투자를 위한 기초개념으로 금리와 수익률에 대해 공부해 보고자 한다.

# 금리란?

직장생활을 시작하면 월급이 통장으로 들어온다. 처음에는 취업을 했다는 기분에 휩싸여 월급을 몽땅 써 버리기도 하지만, 한두 달 지나면 정기적금에 가입하기 마련이다. 이때 금리가 얼마나 되는지 알아보고, 은행과 여타 금융회사 간의 금리를 비교하기도 한다. 아래 표는 2019년 1월 10일 현재, 은행과 저축은행의 정기적금 금리 비교표이다. 대체로 저축은행의 금리가 높은 편이다.

**은행과 저축은행의 정기적금 금리 비교**

|  | 은행 | | | 저축은행 | | |
|---|---|---|---|---|---|---|
|  | 국민은행 | 신한은행 | 하나은행 | SBI저축 | OK저축 | 웰컴저축 |
| **1년만기** | 1.85 | 1.70 | 1.65 | 2.6 | 2.5 | 2.6 |
| **2년만기** | 2.10 | 2.00 | 2.00 | 2.8 | 2.5 | 2.8 |

(2019년 1월 1주, 일반정기적금 기준, 단위: 연 %)

누구든 돈을 빌려주거나 돈을 빌릴 때에는 이자를 받거나 주게 된다. 이를 금리 또는 이자율이라고도 한다. 금리와 이자율은 동일한 의미로 사용된다. 개인이 은행에 돈을 예금하는 것은 개인이 은행에 돈을 빌려주는 것이다. 만일 KB국민은행의 1년 만기 정기예금 금리가 연 2%라면, 예금 원본에 대해 2%의 이자를 받는다는 의미이다. 즉, 1,000,000원을 예치하였다면 1년 후 그는 20,000원의 이자를 받게 된다. 다만, 이자에 대해서는 이자소득세 15.4%가 부과되므로 실제로는 16,920원을 받는다.

금리는 돈을 빌릴 때도 사용한다. 홍길동이 집을 산다고 할 때, 보통은 은행으로부터 부동산담보대출을 통해 돈을 빌리게 된다. 이때 은행의 직원으로부터 "대출금리는 연 5%입니다."라는 말을 듣게 된다. 홍길동이 대출 1억 원을 1년간 빌렸을 경우 그는 연 5백만 원의 이자를 내야 한다. 실제로는 12개월간 분할하여 납부하므로 매월 416,666원의 이자를 내게 된다. 한편 부동산담보대출을 10년 또는 30년 등 장기로 빌리는 경우 변동금리가 적용되기도 한다. 이 경우 대출금리는 매년 시장금리에 일정한 가산금리를 붙여 산출한 변동금리가 적용된다.

소비자가 고정금리대출과 변동금리대출 중 선택권이 있는 경우 양자 사이에는 장단점이 있으므로 이를 고려할 필요가 있다. 고정금리대출은 대출기간 동안 금리 변동이 없어 매년 지출비용이 고정된다는 장점이 있으나, 변동금리보다 좀 높게 설정되는 경우가 많다. 반면 변동금리대출은 현재 시점에서는 고정금리보다 약간 낮으나 향후 금리 상승 시에는 높은 금리가 적용될 수 있는 단점이 있다.

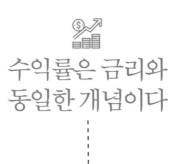

# 수익률은 금리와
# 동일한 개념이다

수익률은 금리와 개념적으로는 대체로 동일하지만, 엄밀한 의미에서는 약간 다르다. 즉 수익률은 투자를 한 후 투자원본 대비 획득한 수익을 비교하여 퍼센티지로 계산한 것이다.

(수익/투자원금)×100=수익률(%)

홍길동이 1억 원의 금액을 A기업의 주식에 투자한 경우를 살펴보자. 그는 1년 후 매도하여 1천만 원의 주가상승 차익을 얻었다. 그러면 수익률은 1천만 원/1억 원×100=10%가 된다. 사람들은 그의 투자 사례에 대해 다음과 같이 말한다.

"홍길동은 A기업의 주식에 투자하여 1년 후 10%의 수익률을 냈다."

한편 홍길동이 회사채에 투자하는 경우를 살펴보자. 회사채는 보통 투자 시 할인하여 발행한다. 따라서 5백만 원이 할인된 9,500만 원에 매입하였고, 1년 후 만기가 되면 1억 원을 되돌려 받는다. 여기서 그의 투자금액은 9,500만원이고 1년 후 5백만 원의 수익을 얻게 된다. 따라서 투자금액에 대가를 수익률로 환산해 보면 5.3%가 나온다. 여기서 5.3%가 수익률이다.

이처럼, 금리와 수익률은 기본적으로 같은 개념이지만 실제 사용되는 것은 약간 다르다. 금리는 사전확정 이자를 주는 은행의 예금상품 등에 주로 사용한다. "저축은행의 예금금리가 은행의 예금금리보다 높다."라는 표현이 대표적이다.

반면 수익률의 경우 성과가 불확실한 투자를 한 경우 성과대비 투자원본을 비교하는 개념이다. 따라서 주식, 채권 등 투자상품에 대해 사용한다. 다만 은행의 **양도성예금증서**와 같이 할인된 가격으로 구매 후 만기 시 **액면가액**을 되돌려 받는 상품에 대해서도 수익률이라는 용어를 사용한다.

## 양도성예금증서와 액면가액

- **양도성예금증서** 일정 기간 예금한 후 만기 시 원금과 이자를 받는다는 점에서 은행의 예금과 같으나, 증서 형태로 발행되고 타인에게 양도 또는 매매할 수도 있는 유가증권이다. 예금자가 은행에 가서 예금을 입금하여 발행하며, 만기 도래 시점에 증서 소지자가 은행에 가서 청구하여 금액을 지급받는다.

- **액면가액** 양도성예금증서가 발행될 때 증서상에 표기된 금액이다. 양도성예금증서의 액면가액이 1억 원이라 하더라도 타인과 매매할 때는 잔여 만기까지의 이자분을 차감한 후 매매한다. 예컨대 잔여기간의 이자분이 500만 원이라면 그만큼을 할인한 후의 금액, 즉 9,500만 원에 매매된다. 이때 양도성예금증서의 수익률이 5%라고 한다면 매입자 입장에서는 잔여기간 동안 수익률 5% 상품에 투자하는 것이 된다.

# 리스크와
# 수익률의 관계

주식에 투자하는 경우 수익을 볼 수도 있지만, 수익은커녕 투자원본의 전부 또는 일부를 손해 볼 가능성도 있다. 이처럼 투자원본의 전부 또는 일부를 손해 볼 가능성이 있으면 "투자리스크가 있다." 또는 "리스크가 있다."라고 말한다. **리스크**risk**는 여기서 원본을 손해 볼 가능성을 의미**한다. 은행예금과 주식투자를 비교해 보자.

예를 들어 홍길동이 은행의 1년 만기 정기예금에 가입하였다고 하자. 은행 측에서 약정금리는 2.5%라고 한다. 우리나라에서는 은행이 망하는 경우가 거의 없어 1년 후 원금은 물론 이자까지 받을 것으로 기대된다. 따라서 은행예금에 가입한 경우 "리스크가 없다."라고 말할 수 있을 것이다.

만일 홍길동이 저축은행의 1년 만기 정기예금에 가입했을 때는 어떤가? 금리는 3.5%이다. 그가 1년 후 원금과 이자를 받는다고 100% 확신할 수 있을까? 2010년에서 2011년 사이에 부실 저축은행들이 대거 자산부실로 문을 닫은 사례가 있지 않은가? 100% 확신은 곤란하다고 본다. 리스크가 약간은 존재한다는 말이다.

이번에는 주식투자의 경우를 보자. 삼성전자 주가는 2018년 1월 15일에 49,000원이었고, 2019년 1월 15일에는 42,000원이었다. 만일 홍길동이 1년 전 삼성전자 주식에 투자하였다면? 그는 투자원본 중 14.3%의 손실을 기록하였을 것이다. 따라서 삼성전자 주식이라 하더라도 상당한 리스크가 존재한다는 것을 알 수 있다. 더욱이 중소벤처기업에 투자하는 경우라면 그 리스크는 더더욱 커질 것이다.

마지막으로 채권투자의 경우를 보자. 채권이란 정부, 공기업, 기업 등이 거액의 장기자금을 조달하기 위하여 발행하는 차용증서이다. 만기는 1년부터 10년까지 다양하다. 기간이 긴 만큼 만기 도래 시점에 상환하지 못하는 경우 문제가 되기도 한다. 정부가 발행한 채권은 상환불능 우려가 없겠지만 기업은 경우에 따라 상환불능 사태를 일으키는 경우도 있다. 정부가 발행한 채권은 국고채, 공기업이 발행한 채권은 공채, 기업이 발행한 채권은 회사채라고 부른다.

아래 표는 2018년 12월 말 국고채와 회사채의 유통 수익률을 비교한 것이다. 국고채 3년 만기 유통 수익률은 1.817%이고, 회사채의 경우 2.287%이다. 국고채는 정부에서 발행한 채권이다. 정부가 지급을 보장하므로 만기에 원금 또는 이자 상환의 가능성이 100%다. 그런데 회사채 더블A등급 회사채의 3년 후 원금 상환 가능성은 어떠할까? 우리나라에서 기업의 부도는 심심치 않게 발생하기 때문에 리스크가 어느 정도 존재할 것으로 추측된다. 여기서 회사채 2.287%와 국고채 1.817%의 차이 즉 0.47%포인트를 가리켜 더블A등급 회사채의 리스크프리미엄이라고 한다. 즉 회사채가 갖는 리스크<sup>위험</sup>에 상응하는 비용으로 간주된다. 국고채는 리스크프리<sup>risk-free</sup> 채권이라고 한다. 즉 리스크프리미엄이 없다.

| 구분 | 2018년 12월 말 유통수익률 |
|---|---|
| 국고채 3년 만기 | 1.817% |
| 회사채(AA-) 3년 만기 | 2.287% |

# 만기와
# 수익률의 관계

만기가 길어질수록 수익률도 높아지는 것이 일반적이다. 미국의 경우 국채를 만기 1년부터 30년까지 다양하게 발행하는데 이에 따라 만기별 수익률곡선이 그려진다. 국가가 발행한 채권으로 신용위험이 동일한 데도 만기가 길어지면, 예를 들어 5년, 10년, 30년으로 길어질수록 수익률은 높아진다.

우리나라 은행에 가서 예적금에 가입할 때도 기간이 길수록 높은 금리를 주는 것을 볼 수 있다. 2018년 12월 11일 기준 국내 K은행 정기적금 금리표를 보자. 6개월 만기의 경우 연 1.45%밖에 안 되지만 36개월 만기로 가입하는 경우 연 2.15%로 높아진다. 이처럼 같은 신용위험 조건에서 만기가 길어질수록 수익률이 커지는 것은 자금을 투자한 사람 입장에서 유동성을 오랫동안 포기함에 따른 대가로 알려지고 있다. 자금을 투자한 사람이 1년 후에 돌려받는다면 그 자금을 다른 용도에 사용하거나, 보다 높은 수익률 기회를 포착할 수가 있을 것이다. 그러나 3년간 묶인다면, 그만큼 유동성을 상실하기 때문에 수익률도 따라서 높아진다.

**국내 K은행의 만기별 정기적금금리**

| | 기간 구분 | 금리(연 %) |
|---|---|---|
| 스마트폰 적금 (자유적립식) | 6개월~12개월 미만 | 1.45 |
| | 12개월~24개월 미만 | 1.85 |
| | 24개월~36개월 미만 | 1.95 |
| | 36개월 | 2.15 |

(2018년 12월 11일 기준)

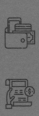

제6장

자기경제관리

★
★
★

필자가 한국은행 재직 시절 벨기에 브뤼셀에서 주재원으
로 근무한 적이 있다.

브뤼셀 북쪽의 안트워프Antwerp라는 항구도시에 종종 놀러 갔다. 안트워프
는 중세 시대에 플랑드르 지방이라 불리던 네덜란드의 일부였다. 벨기에로
독립된 지금도 언어는 네덜란드어가 공용어로 되어 있다. 안트워프에는 다
이아몬드 거래상, 다이아몬드 가공업자들이 밀집되어 있는 다이아몬드 지
구가 있다. 어느 날 필자는 다이아몬드를 취급하는 보석 가게에 들렀다. 일
을 본 후 거리로 나서자, 시나고그Synagogue; 유대교 교회를 나오는 검은 옷의 유
대인 무리들이 보였다. 그때 '왜 유대인들이 이곳에 많이 살고 있지?' 하는 의
문이 들었다. 귀국하여 유럽의 향수에 젖어 유럽 역사책을 파기 시작했다.
유대인들의 네덜란드 진출 이야기를 찾아 낼 수 있었다. 스토리는 이렇다.

중세 가톨릭에서는 돈을 빌려주고 이자를 받는 대금업을 금지시켰다. 반면 유대교에서는 허용되었다. 이에 따라 돈을 빌려주고 이자를 받는 대부업은 유대인의 전유물이 되었다. 중세시대에 가톨릭 군주들은 유대인의 재산을 노려 때때로 유대인을 박해하였다. 그래서 유대인들은 박해를 피해 여러 나라로 도피하여 다녔다. 네덜란드는 상공업과 무역업이 발전하면서 16세기 후반에 자유와 관용의 독립국가를 형성하였다. 그래서 많은 유대인들이 네덜란드로 유입되었다. 한편, 여러 나라로 도망 다니던 유대인들은 재산 보전수단으로 보석을 보유하기 시작하였다. 그중에서도 첫째가 다이아몬드였다. 안트워프로 들어온 유대인들이 다이아몬드 거래상과 다이아몬드 가공업을 발전시켰다.

근대 이후 유대인의 대부업은 금융업으로 발전하여 왔다. 유럽에서 금융 제국을 창설한 로스차일드Rothschild 가문, 세계 제일의 투자금융 그룹을 창설한 마커스 골드만Marcus Goldman 등이 그들이다. 현대에는 세계 제일의 SNS기업 페이스북Facebook을 창업한 마크 주커버그Mark Zuckerberg, 세계 최고의 펀드매니저 조지 소로스George Soros, 세계 제일의 인터넷포탈 업체인 구글의 창업자 래리 페이지Larry Page 등 세계적인 기업가, 금융투자자 등을 배출하였다.

유대인들이 금융경제계에서 두각을 나타내고 세계적인 부자가 많은 비결은 무엇인가? 유대인의 하브루타 경제교육이론에 의하면, 부모와 자녀사이에 질문, 대화와 토론으로 이루어지는 가정교육이 원천이라고 한다. 자기경제관리를 배우는 방법도 가정에서 부모님과 대화하고 토론하는 방식이 바른 길이 아닐까 생각한다.

# 자기경제관리의 첫걸음, 지출관리

필자는 대학에서 '경제의 이해'라는 과목을 강의하고 있다. 공대, 사회과학대 등 비경제 전공 학생들을 대상으로 하는 교양과목이다. 대부분 4학년생들이라 자기경제관리나 재테크 등 실용경제에 관심이 많다. 필자는 자기경제관리를 아래의 다섯 가지로 풀어 설명한다.

(1) 지출관리: 신용카드 VS 체크카드

(2) 목돈 만들기

(3) 주택청약예금

(4) 목돈 만든 이후 투자

(5) 주거안정을 위한 터 닦기

**자기경제관리의 첫걸음은 근검절약을 통한 지출관리이다.** 그렇다면 소비지출을 어떻게 관리, 통제할 것인가? 왕도는 없다. 다만 사회생활을 새로 시작하는 사회 초년생이나 대학생들에게 들려줄 키워드는 **'신용카드는 버리고 체크카드를 사용하라'**이다. 지키지도 못할 여러 개의 지출억제 규칙보다 이거 하나가 낫다. 이것만으로도 지출관리가 가능하다.

체크카드는 예금잔액 이내에서만 결제가 가능한 카드다. 상점에서 또는 인터넷쇼핑에서 체크카드로 결제하고자 할 때 본인의 예금잔액이 있는지 확인 후 결제가 이루어진다. 따라서 최대 월급 범위 내로 지출통제가 가능하다. 물론 긴급상황에 대비하여 월 50만 원에서 100만 원 정도의 한도초과(일종의 신용카드 한도 부여)가 가능하다. 이에 반해 신용카드는 월정한도 범위 내에서 얼마든 지출이 가능하다. 예컨대 5백만 원을 한도로 정해 놓은 경우 이 한도 내에서는 카드결제가 항상 이루어진다. 이에 따라 월급으로 메꾸지 못하는 경우 돌려막기 부작용이 발생되기 십상이다.

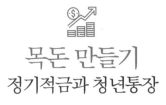

# 목돈 만들기
## 정기적금과 청년통장

대학 졸업 후 직장에 들어가면 으레 정기적금에 가입한다. 목돈을 만드는 방법으로는 정기적금이 최선의 방법이기 때문이다. 필자는 저축은행의 정기적금 이용을 권하고자 한다. 그것은 은행보다 금리가 1%포인트 정도 높기 때문이다. 저축은행중앙회의 금리비교 사이트에서 검색하면 가장 높은 금리의 저축은행을 찾을 수 있다.

저축은행의 영업점 수가 많지 않아 찾아가는 불편이 있을 수 있지만, 자동이체를 신청해 놓으면 된다. 최초 가입 시와 만기 해약 시에만 방문하면 된다. 간혹 저축은행의 부실 사태를 기억하는 사람들이 안전성 우려를 제기하기도 한다. 그러나 큰 문제는 없다. 정부에서 예금보험공사를 통하여 원리금 5천만 원까지 보장하기 때문이다. 5천만 원 이상 예금하고자 하는 경우 복수의 저축은행에 분산하여 가입하면 된다. 1 은행당 5천만 원 보장이다.

금융회사에 가입하는 정기적금 이외에 목돈 만들기는 청년내일채움공제와 서울시청년통장이 있다. 모두 저소득 청년을 위한 정부의 지원제도이다.

★청년내일채움공제 청년내일채움공제는 중소기업에 근무하는 청년이 적금에 가입하면 만기 시 정부 지원금을 더해 주는 제도다. 청년들의 중소기업 장기근속을 유도함과 아울러 청년들의 자산 형성을 지원하기 위해 2016년에 도입된 제도다. 중견기업이나 중소기업에 취업한 청년에게만 열려 있다.

- **신청 자격** 중견 중소기업에 근무하는 만 15~34세 정규직 근로자
- **가입상품의 기간** 2년형과 3년형이 있음. 2년형은 지속사업이고, 3년형은 2021년까지 한시적으로 운영 예정
- **인원** 2018년의 경우 총 11만 명(2년형 가입상품 9만 명, 3년형 가입상품 2만 명)
- **정부의 지원 내용**

(2년제)

본인 적립: 2년간 매월 12.5만 원(합계 300만 원)

정부지원금 900만 원 + 기업적립금 400만 원

만기 시: 총 1,600만 원 + 이자를 지급

(3년제)

본인적립: 3년간 매월 16.5만 원(합계 600만 원)

정부지원금 1,600만 원 + 기업적립금 800만 원

만기 시: 총 3,000만 원 + 이자를 지급

- **신청 방법** 취업 후 3개월 이내에 '청년내일채움공제' 홈페이지에서 신청


★서울시의 청년통장 서울시에서 운영하는 청년통장제도는 저소득 근로자의 자산형성을 지원하려는 제도이다. 근로자가 매월 10만 원 또는 15만 원을 3년 동안 납입하면, 서울시가 동일한 금액을 지원해 준다. 저소득자를 대상으로 하기 때문에 가입 자격이 까다롭다.

서울시의 희망두배청년통장 포스터

**- 신청 자격**

· 본인 소득이 세전 기준 월 220만 원 이하인 서울시 거주의 만 18~34세 근로자

· 부양의무자(부모)의 소득이 기준 중위소득의 80% 이하(4인 가족 기준 월 357만 원)

**- 신청 및 선정**

· 매년 1회 신청자 모집(2018년의 경우 3월 15일~ 4월 6일)

· 거주지 동 주민센터에 방문/인터넷 신청(본인의 근로소득증빙서류, 가구원 소득신고

서 등 총 7가지 서류 제출)

· 서류전형과 면접을 거쳐 선정(2018년의 경우 총 2,200명 선정 및 지원)

경기도에서도 유사한 제도를 시행 중이다. 그러나 여타 광역지자체
의 경우 재정 사정 등에 따라 제도가 도입되어 있지 않은 경우가 많다.
개별 지자체에 문의, 확인해 보면 된다.

# 주택청약예금
# 가입하기

주택청약예금은 주택 마련을 위한 필수요건이다. 주택청약예금 가입자에게 신규분양 아파트 청약 자격을 부여해 주기 때문이다. 아래는 주택청약예금의 세부 내용이다.

- **주택청약예금 취급은행** 전국의 모든 은행(1인 1계좌)

- **예금 가입방식** 적립식과 목돈 예치식이 있음

  · 적립식: 매월 2만 원~50만 원을 적립하여 300만 원까지 불입

  · 목돈 예치식: 300만 원을 일시에 정기예금처럼 예치하는 방법

  · 금리: 연 1.8% 수준

- **아파트 청약 자격 부여**(수도권의 경우)

  · 300만 원 불입 후 1년 이상 경과하면 수도권의 25.7평방미터 아파트 1순위 청약

자격을 부여해 줌

**- 주택청약가점제**

· 정부에서는 무주택 서민과 부양가족이 많은 저소득층을 지원하기 위하여 주택청

약가점제를 실시하고 있음

· 무주택기간 기간이 길고, 부양가족이 많으며, 주택청약가입 기간이 긴 사람이 아

파트 당첨에 유리

# 목돈 만든
# 이후의 투자

어느 정도의 목돈을 만든 이후에는 이것을 불릴 수 있는 투자를 생각하게 된다. 그래서 이런 돈 불리기를 우리는 흔히 재테크라고 한다. 재테크는 재산의 재財와 테크놀로지technology의 테크를 합쳐서 만든 신조어이다. 재테크는 일반적으로 저축과 투자 등을 통하여 재산을 불리는 의미로 통용되고 있다.

목돈의 투자는 개개인이 각자의 성향에 따라 결정할 것이다. 보수적인 성향의 사람은 목돈을 은행 예금 등 안전자산에 묻어 두는 것이 좋다. 약간의 고수익을 기대하는 중수익-중위험 투자자는, 전체 목돈의 일부를 주식에 배분하는 것도 방법이다. 이번 에피소드에서는 목돈의 자산투자를 시작하기 전에 알아 두어야 할 기본원칙에 대해 소개한다.

**첫 번째 원칙은 바로 '분산투자'다.**

"여러 개의 계란을 한 바구니에 담지 말라."라는 격언이 있다. 여러 개의 계란을 담은 바구니를 자칫 떨어뜨린다면 모든 계란이 깨져 버리는 불상사를 당하기 때문이다. 이렇듯 분산투자란 일반적으로 **'투자 종류를 여러 개로 나누어 행하는 투자법'**으로 이해된다. 즉 위험자산(주식 등)과 안전자산(은행예금 등), 위험자산 내에서도 우량주식(저수익-저위험)과 코스닥주식(고수익-고위험) 식으로 배분한다.

주식이론에서는 분산투자를 체계적 위험과 비체계적 위험에 입각하여 논리를 전개한다. 여러 종목에 분산투자함으로써, 개별 종목이 갖고 있는 비체계적 위험을 제거하려는 전략을 의미한다.

---

### 체계적 위험과 비체계적 위험

- **체계적 위험** 경기변동, 인플레이션, 정부의 금리변경 및 경제정책, 대외적 요인 등에 따라 주식시장 전체가 변동하는 위험을 말한다. 이러한 체계적 위험은 주식의 분산투자를 통하여 위험을 줄일 수 없으므로 분산불가능 위험이라 부른다.
- **비체계적 위험** 개별 주식에 고유한 요소, 즉 매출, 이익 등 경영실적, 신규사업 투자 및 연구개발, 기타 기업내부 요인이 미치는 위험을 말한다. 이러한 개별 주식의 위험은 주식을 적절히 분산하여 투자한다면 상쇄 또는 회피할 수 있다는 측면에서 분산가능위험이라고 한다. 분산투자가 가능한 상황이라면 투자시기를 결정함에 있어 일반적으로 체계적 위험에 관련된 거시경제적 요인을 고려하게 된다.

---

필자는 **금융투자자산 중 은행예금(안전자산) 30%, 주식(고수익-고위험**

자산)을 30%, 채권형 펀드(중위험-중수익 자산) 30% 등으로 배분할 것을 추천한다.

분산투자에 반대되는 개념으로 집중투자가 있다. 한 종목에 집중하여 투자하는 방법을 말한다. 그래야만 수익을 극대화할 수 있다는 관점이다. 필자는 주식투자 초기의 사회초년생들에겐 분산투자가 정답이라고 본다. 집중투자는 주식투자를 10년 이상을 해 본 후, 투자의 고수가 된 후에나 시도해 볼 만하다.

**두 번째는 'high return high risk'다.**

우리말로 '고수익-고위험'이라 할 수 있다. 주식투자 등 재테크에는 수익과 동시에 위험이 수반된다. 높은 수익을 기대하는 경우 반드시 그만한 리스크가 뒤따른다는 것이다. 이것이 high return high risk 개념이다. 특히 **주위에서 '너에게만 알려주는 대박투자 정보'라고 귀띔하는 것은 100% 믿지 말라.** 세상에 공짜는 없다. 높은 수익을 얻기 위해서는 그만큼 큰 위험도 있음을 예상해야 한다.

# 주식투자의 절차와 기본원칙

## 증권회사 방문

먼저 증권회사에 방문하여 주식거래 계좌를 개설한다. 주식투자는 위험을 내포한 투자이므로 계좌개설 시 금융상품 투자자 종류 중 '고위험투자자'임을 동의해야 한다. 고위험투자자 동의는 주식투자 과정에서 분쟁이 발생하는 경우 증권회사와 투자자 간 권리와 책임 관계를 명확히 하고자 함이다. 따라서 처음으로 주식투자를 시작하는 사람은 주식거래 약정서를 집으로 가져와 정독할 필요가 있다.

주식거래 계좌 개설과 함께 사이버트레이딩거래 약정도 해야 한다. 개인 컴퓨터 또는 스마트폰을 이용하여 주식을 거래하기 위해 필요한 약정이다. 이러한 준비 절차를 마쳤다면, 투자금을 주식거래 계좌에 입금하고 본격적으로 주식투자를 시작할 수 있다. 주식투자 방법과

전략에 대한 보다 자세한 정보는 증권회사 직원과 상담하거나, 주식투자의 과정에서 차차 배울 것이다.

## 간접투자

개별 주식투자의 위험이 꺼려지거나 개별 주식거래 투자정보의 수집과 공부가 어려운 사람은 펀드에 투자하는, 이른바 간접투자를 선택할 수 있다. 펀드란 펀드매니저 등 투자전문가들이 다수 투자자의 자금을 모아, 주식이나 채권 등에 투자하고, 그 운용성과를 투자자의 투자비율에 따라 배분해 주는 투자 상품이다. 펀드에는 주로 주식에 투자하는 주식형, 주로 채권에 투자하는 채권형, 주식과 채권을 혼합하여 투자하는 혼합형이 있다. 펀드 판매는 현재 은행의 창구, 증권회사 창구에서 취급하고 있다. 펀드투자의 경우에도 종류, 만기, 투자금 불입 방식 등에서 다양한 선택지가 있으므로 담당 직원과 세부적 상담을 할 필요가 있다.

## 해외주식 직구도 가능

요즘에는 상품의 해외직구처럼 해외주식을 직접 투자하는 투자자들도 늘어나고 있다. 이른바 주식의 해외직구다. 그 배경은 국내시장이 저성장, 저금리로 투자매력이 감소했기 때문이다. 반면 미국 기업들은 트럼프 대통령이 취임 이후 펼치고 있는 기업경기 활성화 정책, 미국 기업들 자체의 혁신전략 등에 따라 호성적을 내고 있기 때문이다.

2017년 기준 삼성증권의 해외주식 매수 상위종목으로는 1위 테슬라(미국 나스닥), 2위 엔비디아(미국 나스닥), 3위 텐센트(홍콩)가 차지하였다고 한다. 주식의 해외직구를 위해서는 먼저 증권회사 창구를 방문하여 아래의 절차를 거쳐야 한다. 아래는 삼성증권의 해외주식 가이드북『We know global』에서 발췌한 것이다.

1) 증권사 창구를 방문하여 해외직구거래 약정을 체결한다.

2) 주식의 해외직구는 주식가격변동 위험 이외에 환율변동 위험도 존재하므로, '고위험투자자'로 재약정해야 한다.

3) 주식거래 계좌에 매입 희망금액만큼의 원화 자금을 준비해 둔다(삼성증권의 경우 미리 통합증거금 신청을 해두면, 원화의 통합증거금으로 주문할 수 있다. 증권사에서는 익일 필요한 원화 자금을 인출, 외화로 환전 처리하여 주식매입 대금 결제로 처리한다고 한다).

3) 미국시장의 경우 대략 한국 시간 밤 11시30분부터 익일 새벽 6시까지가 주식거래시간이므로 이 시간에 거래주문을 내면 된다. 이 주문을 받은 증권사가 매입업무를 대행한다(야밤중 작업이 불편한 고객을 위해 예약주문 방식도 있다고 한다. 종목, 매매수량, 가격을 지정, 예약주문을 해 두면 증권사에서 처리한다).

4) 해외주식 투자로 250만 원 이상의 주식 매매차익이 발생한 경우 양

도세를 납부해야 한다(매년 4월 증권사의 거래지점을 통해 양도세 신고 대행을 요청하면 증권사가 대행서비스를 제공한다).

이와 같은 준비 절차를 마쳤다면 주식투자의 기본 원칙에 대해 이해할 필요가 있다. 재테크가 처음인 이들에게 꼭 필요한 기본원칙만을 골라 보았다(주식시장과 투자에 대한 추가적인 내용은 제8장에서 소개한다).

# 인터넷포탈 증권코너 방문하여
# 주식 배우기

초보 투자자는 주식투자를 시작하기 전에 네이버나 다음의 증권코너를 먼저 방문해야 한다. 증권코너에는 주식시세, 기업정보, 기업 관련 뉴스 등 주식가 관련된 수많은 정보가 있다. 이곳을 자주 방문한다면, 증권용어에 친숙해지면서 증권용어의 개념도 배우게 된다. 아울러 개별 종목의 변동추세를 모니터링하게 된다.

### 소액투자로 투자 배우기

필자가 대학교 4학년생들을 대상으로 소개했던 투자 방법 중에 한 가지 추천할 만한 투자 방법이 있다. '100만 원 주식투자' 하기다. 사회 초년생들이 경제상식을 배우는 데 있어 소액 주식투자가 좋은 방법이기 때문이다. 100만 원 주식투자란 말 그대로 수중의 돈 중 딱 100만 원을 따로 떼어, 증권회사의 주식계좌에 넣고 투자를 해보라는 것이다. 즉, 투자한도를 100만 원으로 설정하는 것이다.

주식종목으로는 2개 정도의 종목으로 한정하되, 업종이 서로 상이한 주식으로 구분하여 투자하는 것을 권한다. 그 2가지 종목은 코스피 내로 범위를 한정시킨다. 예를 들면 삼성전자(전기전자 업종)와 아모레퍼시픽(화장품 업종), 또는 현대자동차(자동차 제조업)와 셀트리온(바이오 업종) 등으로 구분하는 것을 권한다. 이 방식을 사회초년생 및 초보 투자자들에게도 동일한 개념으로 추천하고자 한다. 다만 개인의 사정에 따라 투자한도를 상향시킬 수 있다.

소액투자를 해두면 위험이 아무리 커져도 투자한도(100만 원)로 제한된다. 손실이 나더라도 투자금 100만 원에 한정된다는 말이다. 만일 투자금의 상당 부분을 잃더라도, 학습비용 정도로 간주하면 충분하다.

### 손절매와 차익실현매도의 원칙

손절매란 사전에 일정 손실비율을 초과하는 경우 즉시 매도처분하여 손실을 최소화시키는 매매전략이다. 예컨대 손실비율을 10%로 설정해 놓았다면 주식가격이 매입가 대비 10% 이상 하락 시 매도한다. 차익실현매도란 사전에 일정한 이익비율을 설정한 다음 이익비율 이상 상승 시 즉시 매도처분하여 실현이익으로 만드는 매매전략이다. 예컨대 이익비율을 15%로 정해 두었다면, 15% 이상 상승 시 매도한다. 이러한 원칙을 지킨다면 주식투자에서 처절한 실패를 예방할 수 있다.

그런데 이러한 매매전략을 유지하기 위해서는 투자한 주식의 거래 상황, 가격변동에 미치는 정보의 모니터링에 세심한 주의를 기울여야 한다. 그래서 주식투자 종목을 2개 정도로 제한하는 것이다. 다수 종목에 투자한 경우 해당 종목 주가동향 모니터링에 많은 시간을 뺏기게 되어, 자칫 직장 내에서 사적 투자에 올인하는 직원이라는 오해를 받을 수 있다.

# 주거안정을 위한
# 터 닦기

취업을 하고 결혼을 하면 대부분의 월급생활자들은 전월세로 시작하기 마련이다. 간혹 자가주택으로 시작하는 경우도 있는데, 매우 운이 좋은 케이스라 하겠다. 일반적인 경우는 전월세로 시작하는 게 보통이다.

전월세는 월세, 반전세, 전세의 세 종류가 있다. 먼저 월세란 매월 소정의 월세(임차료)를 지불하고 거주하는 방식이다. 보통 '1,000만 원의 보증금에 월세 30만 원' 이런 식의 조건이다. 보증금을 받는 것은 월세 지불이 밀리는 경우 집주인이 보증금에서 차감하려는 것이다. 반전세는 '전세보증금 2억에 월세 15만 원'과 같은 조건의 임차방식을 말한다. 전세란 전세보증금만을 지불하고 임차기간(보통 2년) 동안 거주하는 방식이다. 전세 방식인 경우 요즘은 주택임대차보호법에 의거

2년간의 임차기간이 보장된다.

처음에 좀 어렵더라도 월세보다는 전세 방식으로 시작하는 것이 좋다. 월세는 매월 일정 이상의 비용이 나가지만 전세는 2년 후 원금을 돌려받아 집을 사는 데 보탤 수 있기 때문이다. 어떻게 해서든 전세 또는 반전세로 시작하는 것이 좋다. 결혼 또는 분가 시에 부모님이 전세금을 대주지 않는다면 시작하기 어렵다. 이런 점에서 **주거안정을 위해서는 부모의 도움이 매우 중요**하다. 전세로 시작하게 되면 나중에 목돈 만든 이후 자기주택 구입에도 유리하다. 저소득층이라면 전세금 마련을 위해 저리의 버팀목전세자금대출제도를 활용할 필요가 있다 (버팀목전세자금대출제도의 상세한 내용은 다음 장 참조).

따라서 이 책을 읽는 독자가 대학생이나 사회초년생의 입장에 있다면, **주택마련을 위한 제1의 명제는 오늘부터라도 부모님께 따뜻한 말 한마디, 전화 한통 드리는 것**이다. 이런 행동이 나중에 부모님의 전세금 지원으로 돌아온다. 결혼할 때 1, 2억 원의 전세보증금으로 시작한다면 주택 마련에 든든한 토대가 된다. **제2의 명제는 목돈을 모으는 것**이다. 사실 요즘 금리가 너무 낮다. 그러나 좀 더 큰 금액을 만드는 길은 푼돈을 모아 목돈으로 만드는 방법밖에 없다. 그러나 1, 2년 적립한 돈으로 곧바로 집을 살 수는 없다. 부부가 최소 5년은 모아야 한다. 이후 때가 되었을 때 은행대출의 힘을 빌려 부동산 구입으로 이어지는 토대를 마련하는 것이다(주택 마련의 상세한 내용은 다음 장 참조).

티핑 포인트tipping point라는 용어가 있다. 자기계발 분야의 대부인 말콤 글래드웰이 쓴 『티핑 포인트』라는 책 때문에 널리 알려진 용어다. 처음에는 미미하게 진행되다가 어느 시점에 극적인 전환이 일어나는데, 이렇게 극적인 전환 포인트를 가리킨다. 마치 물을 끓일 때 처음에는 온도가 점차 높아지다가 갑자기 100도가 넘으면서 펄펄 끓는 순간을 상기하면 될 것이다. 부동산 투자도 이와 마찬가지로 티핑 포인트가 있다.

직장에 한 후배가 있었다. 조용한 성격이었는데, 그의 취미는 수도권 중소도시 순례였다. 젊었을 때부터 주말이면 서울이나 수도권의 아파트촌을 찾아다녔다. 최근 10년 동안에 집이 세 채로 불었다. 부동산 침체의 골이 깊어질 때쯤이면 하나씩 샀다고 한다. 부동산 투자에 특별한 성공 비결은 없다. **관심을 갖고 계속 부동산을 찾아다니면 안목이 생기고, 부동산 투자의 티핑포인트를 만나게 된다.**

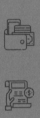

제7장

주택 마련과
부채의 활용

★
★
★

2006년에 국내 개봉된 영화 〈로맨틱 홀리데이〉가 있다. 얼마 전 한 케이블 방송에서 재방영되면서 다시 한 번 영화애호가들의 관심을 모은 바 있다. 영화의 줄거리를 잠간 살펴보자.

미국 LA에서 영화 예고편 제작회사 사장으로 잘나가는 카메론 디아즈(아만다 역). 영국의 전원마을 오두막집에 살면서 인기 웨딩칼럼을 연재하는 케이트 윈슬렛(아이리스 역). 둘은 각자의 사정으로 남친에게 버림받아 스트레스를 받고 있다. 우연히 인터넷에서 '홈익스체인지' 사이트를 발견하고, 2주간의 크리스마스 휴가 동안 서로의 집을 바꿔 생활하기로 한다. 그리고 바꿔 지내는 동안 각자 새로운 러브라인을 찾게 된다. 아만다는 아이리스의 오빠와, 아이리스는 아만다의 친구와….

이 영화는 로맨틱 코미디 영화이지만, 홈익스체인지home exchange라는 공유경제 아이디어를 모티브로 삼고 있다. 부동산 가격이 오르면 부동산의 소유가치 뿐 아니라 사용가치도 오른다. 부동산의 빈 방의 사용가치를 묵혀 두지 말고 다른 사람들과 공유하자는 것이 공유경제의 핵심이다. 영화는 홈익스체인지라는 소재를 달달한 로맨스에 결합시킴으로써 흥행에도 성공하였다. 불과 850만 달러(935억 원)의 예산을 투입하고도, 전 세계적으로 2억500만 달러(2,200억 원)의 박스오피스 수입을 벌어들인 것이었다.

홈익스체인지는 하우스스왑House swap이라고도 불린다. 인터넷에서 검색해 보면, 수많은 홈익스체인지 웹사이트가 있다. 그중에서도, 미국에 본사를 둔 '홈익스체인지'www.homeexchange.com가 대표적이다. 전 세계적으로 187개국에 40만 채 이상의 집을 회원으로 보유하고 있다.

# 부동산 투자는 과거와 미래가 다르다

⋮

부동산에 별로 관심이 없어도 갭투자라는 말을 한 번쯤은 들어보았을 것이다. 그리고 인터넷에 보면 갭투자의 환상을 과대포장하는 이야기가 종종 등장한다. 심지어 어느 사람은 갭투자로 300채를 사서 큰돈을 벌었다는 과장된 무용담(?)을 늘어놓기도 한다. 그렇다면 갭투자란 과연 무엇인가?

**갭투자란 집의 매입 가격과 전세보증금의 가격 간 차이**gap**가 적은 집을 전세를 끼고 매입하는 투자방식**을 말한다. 예컨대, 아파트 가격이 4억 원이고, 전세금이 3억 원인 경우 전세를 끼고 산다면 1억 원이면 살 수 있다. 그 후 주택가격이 상승하면, 팔아서 시세차익을 기대할 수 있다.

그런데 갭투자는 집값이 오른다는 전제조건을 깔고 있음을 명심해야 한다. 만일, **아파트가격이 요즘처럼 하락하는 경우는 사태가 심각해진다.** 갭투자를 하는 사람들은 구입금액 대비 전세금의 자금 부족분을 차입으로 메꾸는 게 일반적이다. 앞의 예에서 자금 부족분은 1억 원이다. 그러면 1억 원에 대한 이자만으로 연간 468만 원(하나은행 4등급 일반신용대출금리 기준)이나 부담해야 한다. 집값이 하락하는 데다, 연간 이자 468만 원까지 부담해야 하는 황당한 상황에 처하게 된다. 더욱이 갭투자로 3채 또는 4채를 투자한 경우 부동산 가격하락에 따른 손실과 이자부담액이 거듭되어 더해지면 그 피해는 말할 수 없이 확대된다. 또 전세금이 하락하는 경우 전세보증금 반환에 문제가 생긴다. 이른바 '깡통-전세' 문제다. 최근 수도권의 많은 아파트 단지에서 깡통-전세가 문제되고 있다.

갭투자의 환상은 지난 30년간의 과거 경험일 뿐이다. 부동산 가격의 과거와 미래는 크게 다르다. 지금은 과거에 비해 상황이 크게 변했다. 우선, 지난 30년간은 전국적으로 어느 지역이나 아파트 가격이 상승하였으나, 지금은 그렇지 않다. 강남 지역만 상승할 뿐이고, 그마저도 정부의 강력한 투기억제책으로 인하여 요즘은 하락세에 들었다. 이웃 일본에서도 장기간 주택가격이 상승하다가 90년대 이후 20년간 버블이 붕괴되었다. 오름이 지속되었던 만큼 내리막도 오랫동안 계속되었다. 일본 경제를 2, 30년 뒤따라가고 있는 한국 사회가 눈여겨봐야 할 대목이다.

또한 정부가 갭투자로 인한 부동산 과다보유를 강력히 규제하고 있다. 2018년 9월 13일 발표한 정부의 부동산 대책만 보자. 2주택 이상의 다주택 보유자에 대해 종부세, 양도세 등 세금을 중과(重課: 부담이 많이 가게 매김)할 방침이다. 이러한 세금폭탄으로 이제 많은 다주택 보유자들이 부동산 매각으로 돌아서고 있다.

이러한 기본지식을 기반으로 하여 이번 장에서는 실수요자로서 1세대 1주택을 마련하는 요령에 대해 살펴보도록 하겠다.

# 레버리지의
# 활용과 효과

자기경제관리의 핵심은 자기 자금을 모아 투자로 돈을 불리는 것이다. 그러나 사회생활을 시작한 후, 단기간에 큰돈을 모으기는 쉽지 않다. 이때 부채의 활용은 불가피하다. 아니 때로는 부채를 활용하여 뛰어오를 필요가 있다. 이렇듯 부채의 활용을 레버리지의 활용이라고 한다.

**레버리지**leverage라는 영어 단어의 뜻은 지렛대다. 그런데 이 단어는 일상생활에서 '**레버리지 효과**' 또는 '**지렛대의 원리**'라는 표현으로 사용된다. 필자의 조카가 활용한 레버리지 사례를 보자. 조카로부터 전화가 온 것은 2015년 초였다.

조카: 작은아버지, 제 아내가 집 사는 걸 반대하는데 어쩌죠?

필자: (뚱딴지같은 소리에 시큰둥하게)무슨 소리야?

조카: 저희 부부는 결혼하고 5년 동안 허리띠를 졸라매고 저축을 했습니다. 이제 둘이 합쳐 1억 원 정도 목돈을 마련했습니다. 저는 집을 사고 싶은데, 아내는 그 돈으로는 턱도 없다고 반대를 합니다.

필자: 1억 원은 조금 부족한 편이지. 잠깐, 현재 전세 사나? 월세 사나?

조카: 결혼 당시 양가 부모님이 도와주신 돈으로 1억5천만 원짜리 전세 살고 있습니다.

필자: 그래? 그럼, 이야기가 다르지.


필자는 주택담보대출 차입을 통한 주택 구입을 권유하였다. 그래서 2015년 봄, 그들 부부는 경기도 분당에 있는 20평짜리 아파트를 구입하였다. 시세는 약 3억8천만 원. 전세보증금 1억5천만 원, 저축 1억 원. 부족한 돈 1억3천만 원은 은행에 가서 부동산담보대출을 받았다. 만기는 30년. 매월 상환할 원리금은 약 45만 원(부부가 분담하므로 1인당 23만 원 정도). 부동산 가격은 2017년부터 뛰기 시작하여 현재 5억 원이 넘었다. 부동산 가격의 상승액만 1억 원이 넘는다. 그들은 차입금 1억3천만 원을 빌려 레버리지로 활용했기 때문에 2년간의 이자 약 1천만 원을 차감하더라도 약 1억 원의 부동산 시세차익을 얻을 수 있었다. 이것이 부채의 활용이다 이른바 레버리지 효과다.

앞의 갭투자에서 설명한 것과 동일한 이치로, 레버리지는 부동산 가격의 상승 시기에는, 그 효과가 배가된다. 그러나 요즘같이 부동산 가격 하락기에는 상황이 다르다. 집을 한 채 보유하고 있음으로서 집 값 변동이라는 리스크를 헷지hedge한다는 관점으로 접근해야 한다. 또, 대출원리금 상환액을 자신의 생계비에 부담을 주지 않는 범위 내로 최소화할 필요가 있다.

---

**헷지란?**

헷지란 일반적으로 파생금융상품 거래에서 리스크를 커버하기 위해 취하는 조치를 말한다. 예컨대 '수입거래 계약을 체결할 때 달러화 결제자금의 환율변동 위험을 커버하기 위하여 원달러 선물환 계약을 함으로써 환헷지를 하였다' 등으로 사용한다. 그러나 여기에서는 한 채의 주택을 매입, 보유하고 있다면 부동산 가격이 급등하더라도 손해를 입지 않을 것이라는 의미로 사용했다.

---

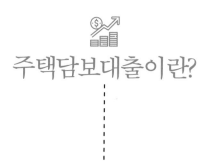

# 주택담보대출이란?

그러면 주택담보대출이란 무엇이고 어떻게 빌리는가? 주택담보대출은 아파트 등 주택을 담보로 제공하고 은행에서 자금을 빌리는 대출을 말한다. 따라서 현재 주택을 보유하고 있거나, 혹은 구입할 예정으로 매입계약을 체결한 경우에 가능하다.

주택담보대출을 빌리는 데 있어서 중요한 요소는 담보대상 주택의 시세에 비추어 얼마의 금액을 빌릴 수 있는가와 자신의 월 소득 범위에서 원리금의 분할상환이 가능한가이다. 그런데, 주택담보대출 관련 용어들이 영문약어로 되어 있어 더욱 난해해진다. 실제 은행 영업점의 대출창구에 상담하러 가면, 이러한 용어들이 마구 쏟아지는데 일반 소비자들은 혼란스러울 뿐이다. 하지만 그 뜻이 무엇인지 묻는다면 창구 직원들이 친절하게 자세히 설명해 줄 것이다. 가서 직접 설명을 듣는 것도 좋지만 미리 알고 있다고 해서 나쁠 것은 없다. LTV, DTI, DSR 등 관련 용어의 개념을 아래 박스에 간략히 정리해 두었다.

---

### 주택담보대출 관련 용어

**1. LTV** Loan to Value
- 대출금액을 주택가격으로 나눈 비율. 즉, 대출금액/주택가격×100=%로 표시.
- 주택담보대출의 과도한 팽창을 억제하기 위해 정부에서 도입, 시행하는 제도.
- 지역별로 그리고 주택의 규모별로 LTV 비율을 설정함으로써 은행들은 주택담보대출
  을 취급함에 있어 LTV 비율 이하로 대출하고 있음.
  (예) LTV 비율 60%로 설정된 경우. 주택가격 7억 원 아파트. 주택담보대출 가능금액=7억
  원×60%=4.2억 원

**2. DTI** Debt to Income
- 총부채상환비율이라 칭함. 연간 상환원리금/연간 총소득×100=%로 표시.
- 개인의 주택담보대출 차입을 상환 능력 범위 내로 억제하기 위해 도입, 시행하는 제도.
  (예) DTI 규제비율은 40%로 설정. 개인의 연간소득 7천만 원. 대출액 3억 원, 대출금리 3.5%,
  10년간 원리금분할상환인 경우 금융감독원 대출계산기로 계산해 보면, 연간 원리금 상환액은
  35,598,912원으로 나옴. 35,598,912원/7천만 원×100=50.9%가 되어 대출 취급이 불가능함.
  만일, 상환기간을 15년으로 늘리는 경우 연간 원리금 상환액은 25,735,776원이 되고
  DTI 비율은 36.8%로 계산되므로 대출이 가능해짐.

**3. DSR** Debt Service Ratio
- 주택담보대출 외에 신용대출 등 개인의 모든 대출을 종합하여 개인의 소득 대비 부채
  상환 능력 범위 내로 대출을 억제하기 위해 2018년 3월부터 도입, 시행되는 제도.
- 기본 개념은 DTI와 같으나, DTI 비율규제는 개별 주택담보대출만을 대상으로 하여 규
  제하는 데 비해, DSR 비율규제는 개인의 모든 대출을 합산하여 연간 원리금 상환액
  과 연간 소득을 비교하여 규제하는 제도.
- 따라서 신용카드대출, 일반자금대출 등 다른 대출을 많이 쓰고 있는 경우 이러한 부채
  를 먼저 정리한 후 주택 구입을 추진하는 것이 부채활용을 통한 주택 구입에 유리함.

---

더불어 **대출기간**도 중요한 문제다. 보통 대출기간은 원리금 분할상환방식으로 해서 10년, 20년 또는 30년으로 설정하는 게 보통이다. 대출금 3억 원, 대출금리 연 3%, 대출만기 20년으로 하고, 원리금 분할상환방식으로 빌린다면 매월 상환해야 할 원리금은 174만 원 정도가 된다.

한 가지 더 고려해야 할 사항은 **대출금리**다. 대출금리를 정함에 있어 고정금리부대출과 변동금리부대출의 두 종류가 있음을 알아둘 필요가 있다. 사람들은 변동금리대출을 선호하고 있고 실제 이 방식으로 총 대출의 70~80%가 취급되고 있다. 고정금리는 만기 동안(앞의 예 20년) 한 번 정해진 금리를 계속 적용하는 방식이고, 변동금리는 시중금리 변동에 맞추어 금리가 변동되는 방식이다.

**정부 차원에서 도입되어 무주택자에게 제공하는 저리의 주택담보대출제도가 있다.** 이른바 '**보금자리론**'이다. 대출금리가 2~3%대로 은행의 일반 주택담보대출보다 훨씬 저렴하다. 저리대출인 만큼, 대출자격이 무주택 서민으로 제한된다. 예컨대 부부 합산 연 소득 7천만 원~1억 원 이하, 무주택자, 구입대상 주택 가격 6억 원 이하 등의 요건이 부과된다. 상세한 내용은 거래하는 은행에 문의하면 된다.

앞에서 주택담보대출의 원리금상환액과 대출금액의 관계에 대해 설명한 바 있다. 이 경우 **대출액에 따라 매월 상환해야 하는 원리금이 얼마인지를 쉽게 계산하게 해주는 웹사이트가 있다. 바로 금융감독원 포탈의 '금융거래계산기'이다.** 이 계산기는 '**금융감독원** www.fss.or.kr →

금융소비자정보포탈 → 금융꿀팁 금융거래계산기 → 대출계산기'로 찾아가면 된다. 여기서는 대출금액, 대출금리, 대출기간을 본인의 희망에 따라 다양하게 입력하며, 대출상환조건도 만기 일시상환, 원리금 분할상환, 일시 거치 후 분할상환 등 다양한 조건을 선택하여 매월 상환원리금을 계산해 볼 수 있다.

# 저소득 청년을 위한
# 저리의 전세자금 대출상품

결혼 후 부득이 월세로 시작해야 하는 대부분의 저소득 청년들. 이들은 월세를 그냥 얻는 것보다 저금리의 '버팀목전세자금대출'을 활용하는 것이 훨씬 유리하다. **버팀목전세자금대출은 정부에서 도입, 시행하는 저소득 계층을 위한 복지제도이기 때문이다.**

경기도 용인시의 18평형 오피스텔(롯데캐슬레이시티)의 2019년 1월 시세를 이용해서 예상비용을 간단히 비교해 보자.

**월세 임차와 저리전세대출 이용에 의한 전세임차의 비용**

| | 월세 임차의 경우 | 버팀목전세자금대출 이용에 의한 전세임차의 경우 |
|---|---|---|
| 임대차 대상 주택 | - 경기도 용인시 구갈동 18평형 오피스텔(롯데캐슬레이시티 18평형) | |

| | | |
|---|---|---|
| 전월세 조건과 은행차입 내용 | - 보증금 1천만 원, 월세 50만 원<br>- 1천만 원은 신용대출(새희망홀씨대출)로 차입(연 10%) | - 버팀목전세자금대출 1억 원<br>- 2천만 원은 신용대출(새희망홀씨대출)로 차입(연 10%) |
| 연간 총비용 | - 700만 원<br>• 월세: 600만 원(50만 원×12)<br>• 신용대출이자: 100만 원 | - 390만 원<br>• 버팀목전세자금대출이자: 190만 원<br>• 신용대출이자: 200만 원 |

주: 임대차 대상주택의 전월세 조건은 부동산정보사이트(부동산114: www.r114.com)의 2019년 1월 31일 현재 시세를 참고함

저소득 청년을 위한 '버팀목전세자금대출' 제도란 무엇인지 좀 더 자세히 알아보자. 이 제도는 기본적으로 무주택의 청년 또는 서민을 대상으로 하여 저금리로 전세자금을 대출해 주는 것이다. 모든 은행들이 취급하고 있다. 은행마다 명칭이 상이하지만 기본적으로 **1)중소기업취업 청년을 위한 임차보증금 대출상품 2)신혼가구 전용 전세자금 대출상품**의 두 가지가 있다.

두 상품은 저소득 청년을 대상으로 하는 버팀목전세자금대출 상품이라는 점에서는 동일하지만 세부 조건에서는 약간의 차이가 있다. 중소기업취업 청년 대상 임차보증금 대출상품은 금리가 보다 저렴하지만, 대출 기간이 최장 4년으로 제한되는 단점이 있다. 신혼가구 전용 전세대출 상품은 무주택/저소득 신혼부부 세대를 대상으로 하며, 금리가 상대적으로 높으나 최장 10년간 이용할 수 있다는 이점이 있다. 세부 조건을 소개하면 다음과 같다.

〈중소기업취업 청년을 위한 임차보증금 대출상품〉

- **자격 조건**

  · 2018년 3월 15일 이후 중소기업에 생애 최초로 취업하거나 창업한 근로자로서

  · 만 34세 이하의 무주택 세대주이고

  · 단독 세대주 또는 부부 합산 소득이 연 3,500만 원 이하인 서민

- **대출가능 주택의 요건**

  · 전용면적 85m² 이하 주택(오피스텔포함)에 전세보증금 2억 원이하

- **대출금액, 대출금리, 대출기간**

  · 최대 1억 원까지 대출 가능하고 금리는 연 1.2% 수준

  · 다만, 근로자 소득수준에 따른 상환 가능성을 고려하여 대출금액은 제한됨

  · 대출기간은 2년이며, 1회 연장으로 최장 4년

- **대출 사후관리**

  · 6개월 단위로 은행이 대출 조건의 유지 상태를 확인하며, 중소기업 이외의 기업으로의 이직으로 인한 자격 조건 미 충족 시 가산금리(2.3%)를 부과

- **기타**

  · 중소기업진흥공단, 신용보증기금 또는 기술신용보증기금에서 2018월 3월 15일 이후 청년창업자금의 대출보증을 받았거나 대출을 받은 청년창업자도 이 대출을 받을 수 있음

〈신혼가구 전용 전세자금 대출상품〉

- **자격조건**

  · 만 19세 이상의 5년 이내 신혼가구(신혼 예정자도 포함)로서 부부합산 연소득이 6천

  만 원 이하인 세대주이고

  · 세대원 전원이 무주택이어야 함

- **대상주택**

  · 전용면적 85m² 이하이고

  · 임차보증금이 수도권의 경우 3억 원, 비수도권의 경우 2억 원 이하의 주택

- **대출 신청 시기**

  · 전세계약서 상 잔금 지급일과 주민등록등본 상 전입일 중 빠른 날짜로부터 3개월

  이내

- **대출금액**

  · 임차보증금의 최대 80% 이내이고, 수도권: 최대 2억 원, 비수도권: 최대 1억6천만 원

  · 대출자들의 소득과 상환 능력을 고려하여 대출금액이 제한될 수 있음

- **대출기간**

  · 2년 만기, 총 4회 연장 가능, 최장 10년까지 가능(다만 기간 연장 시 10% 이상 상환 또

  는 금리 0.1% 가산)

- **대출금리**

| 연소득<br>(부부합산) | 보증금 | | | |
|---|---|---|---|---|
| | 5천만 원 이하 | 1억 원 이하 | 1.5억 원 이하 | 1.5억 원 초과 |
| 2천만 원 이하 | 연 1.2% | 연 1.3% | 연 1.4% | 연 1.5% |

| 2천만 원~<br>4천만 원이하 | 연 1.5% | 연 1.6% | 연 1.7% | 연 1.8% |
|---|---|---|---|---|
| 4천만 원~<br>6천만 원이하 | 연 1.8% | 연 1.9% | 연 2.0% | 연 2.1% |

**실제 대출가능금액 확인을 위한 사전 상담도 꼭 필요한 부분이다.**
실제 대출가능금액은 개인별 연소득 상황에 따라 달라진다. 연소득이
적어지면 대출가능금액이 1억 원에 못 미칠 수 있다. 따라서 먼저 은
행 영업점에 가서 자신이 대출 조건에 해당되는지 여부, 그리고 대출
가능금액, 대출금리, 대출만기 등에 대해 상담해야 한다. 이때 필요한
서류는 주민등록등본, 근로소득원천징수영수증 등이다.

# 중산층 근로자의 일반대출
## 서민금융진흥원 상담센터 활용

생계비 부족분의 일시 차입이나, 자동차 구입의 경우에 저리 대출제
도를 활용할 필요가 있다. 대개 직장 내에서 상조회 대출, 국민연금 가
입자 대출 등으로 대처하는 것이 바람직하다.  일반 중산층 근로자의
경우 은행 등 금융회사로부터 차입을 하고자 하는 경우 서민금융진흥
원의 상담센터에서 먼저 상담해 볼 것을 권장한다.


★서민금융진흥원의 상담센터 서민금융진흥원에서는 역경매 방식으로
금융회사 대출을 소개해 준다. 역경매 방식이란, 서민금융진흥원이 고객
의 소득 및 신용 상태에 대해 기본정보를 받은 후 여러 개의 금융회사에
대출상품 입찰을 붙이는 것이다. 입찰에 참여한 금융회사들은 각자가 제
공해 줄 수 있는 최선의 대출조건을 서민금융진흥원에 제출한다. 서민금

융진흥원은 그중 고객에게 가장 유리한 조건의 대출을 알선, 중개해 준다. 따라서 고객 본인의 소득과 신용등급에 맞는 최선의 대출상품을 찾아낼 수 있다(서민금융진흥원 대표 전화번호: 1397).

★서민을 위한 대출제도 정부 차원에서 서민을 위한 대출상품을 도입, 시행하고 있다. 새희망홀씨대출, 미소금융, 햇살론, 바꿔드림론 등이 그것이다. 연소득 3천만 원 이하의 서민 또는 신용등급 6~10등급의 서민 등이 주요 대상이다. 서민금융진흥원을 통해 상담하면 자세한 내용을 알 수 있다. 보다 자세한 내용은 서민금융진흥원 상담센터를 활용하면 되겠다.

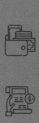

**제8장**

- - - - - - - -

# 주식시장과
# 투자

★
★
★

네덜란드의 동인도회사Dutch East India Company는 자본주의의 역사를 연 주식회사다. 세계에서 두 번째로, 1602년 설립된 주식회사다. 1600년 설립된 영국의 동인도회사가 첫 번째 주식회사다. 그런데 네덜란드의 동인도회사는 영국의 동인도회사에 맞서거나 넘어설 정도로 발전하였다.

네덜란드 동인도회사가 발전한 요인은 무엇인가? 역사가들은 네덜란드 동인도회사의 고배당을 그 요인 중 하나로 들고 있다. 네덜란드 동인도회사에 투자한 투자 주주들은 연평균 40%에 달하는 배당을 받았고, 실적이 좋은 해에는 무려 60% 이상의 배당을 받았다고 한다. 이에 따라 일반 시민이나 상공업자 등 일반 투자자들이 네덜란드 동인도회사에 지속적으로 투자를 하였다. 투자금이 계속 몰려든 덕분에 네덜란드 동인도회사는 1799년 해체 시까지 200년 가까이 존속, 발전할 수 있었다고 한다.

고배당율의 실현, 투자자금의 계속 유입, 주식회사의 지속 투자와 발전이라는 선순환의 고리가 만들어진 것이다. 자본주의 최고의 발명품이 주식회사와 주식시장 제도라 하는 이유가 여기 있다. 어느 누구라도 소액의 주식투자만으로 창업주 대주주가 창출한 이득을 나누어 가질 수 있기 때문이다.

# 삼성전자 주가변동과
# 성공 사례

삼성전자는 한국의 대표 기업이다. 이건희 회장이 1990년대 초 취임한 이래 인재제일주의를 표방해 세계최고의 인재를 계속 영입했다. 그리고 이들이 개발해 낸 혁신적인 신기술/신제품으로 기업실적은 승승장구했다. 이러한 호실적은 삼성전자 내부 임직원에게뿐만 아니라 일반투자자에게도 커다란 이득을 주었다. 하나의 사례를 보자.

삼성전자 주식이 2017년 들어 250만 원을 넘더니 드디어 2017년 11월 2일 287만 원으로 사상 최고점을 찍었을 때다(삼성전자는 2018년 5월초 당시 약 250만 원 내외하던 주식을 50분의 1로 액면분할 하였다. 그래서 그 이후에는 주식시장에서 시가 5만 원 내외로 거래되고 있다. 이 글을 쓰던 2019년 2월 19일에는 주당 45,950원으로 거래되고 있다). 주변에서 "아! 내가 20년 전에 몇 천 주만 샀더라면!" 하는 후회가 쏟아졌다. 그것은 삼성전자 주가가 20년전 대비 무려 90배나 상승했기 때문이다. IMF외환위기 직후인 1997년 12월 삼성전자 주가는 3만 원대로 곤두박질쳤다. 그때 단돈 3천만 원으로 1천주만 샀더라면 2017년 최고가 시기에 약 28억 원이 되었을 것이다.

실제 이런 투자로 성공한 지인이 있었다. 그는 1990년대 초중반, 삼성전자 주가가 5~10만 원 하던 시절에 수천 주를 매입하였다. 그는 삼성전자가 한국의 대표적인 대기업이므로 그 미래에 베팅을 걸었다는 것이다. IMF외환위기 직후에는 잠시 곤두박질치기도 했다. 하지만 그는 한국 경제의 미래, 삼성전자의 미래에 베팅을 했기 때문에 뚝심 있게 기다렸다. 삼성전자 주가는 2011년초 100만 원을 돌파하였고, 2017년 11월 2일 사상최고인 287만 원을 기록하였다.

그는 주식의 일부를 처분하기도 하였으나 대부분의 주식을 계속 보유하였고 2015년을 전후로 정리한 것으로 보인다. 그 결과 그의 주식투자 수익은 수십억 원에 달하였다. 말 그대로 대박이었다. 그의 주식투자 성공 비결은 간단하다. 신뢰할 만한 우량 주식을 사서 장기간 보유했다는 것이다. 그리고 주식시세표를 보지 않았다. 대부분 보통 사람들은 주식시세표를 매일매일 들여다보고, 2~30% 오르면 내다 팔기 일쑤다. 심지어 증권회사의 관리담당자는 계속 전화를 해서 차익을 실현하라고 재촉하기도 한다. 이를 견뎌야 한다. 증권회사 직원은 자신의 이해에 우선하기 마련이기 때문이다.

# 언더독
# 발굴 스토리

이동준 대표라고 하면 낯설게 느낄 수도 있을 것이다. 그러나, 박항서 감독을 베트남에 연결시킨 인물이라고 하면 다들 고개를 끄덕일 것이다. 스포츠매니지먼트회사를 운영하는 이동준 대표의 비화로 이야기를 시작하고자 한다.

2017년 그가 베트남축구협회에 박항서 감독을 소개할 때다. 이동준 대표는 당시 박항서 감독의 장점에 대해 이렇게 소개하였다고 한다. 무엇보다, 2002년 월드컵 당시 히딩크 감독의 수석코치로서 한국의 4강 진출을 보좌했던 경험을 강조했다. 그리고 머니볼 이야기에서도 등장했던 '언더독'을 잘 키워 성공시키는 감독이라는 점을 부각시켰다고 한다. 언더독underdog이란 약자 혹은 약팀을 의미한다. 스포츠에서는 '언더독의 반란' 등의 표현으로 사용되고 있다. 당시 베트남은 동남아 권역에서도 최하 그룹에 속하는 약팀이었다. 이동준 대표의 언더독 논리가 먹혀들어서인지 박항서 감독이 선임되었다. 그 후 박항서 감독이 베트남 축구 역사에 남을 대성공을 이루었다는 것은 누구나 다 아는 이야기다.

주식시장에서도 마찬가지다. 삼성전자 같은 초우량 대기업은 이제 성장의 한계점에 도달했다. 추가적인 대폭 상승의 가능성이 매우 낮다는 말이다. 따라서 신생기업을 발굴하여 투자하는 것이 대박성공의 길이 될 수 있다.

'신라젠'이라는 코스닥 주식에 투자해 성공을 거둔 지인의 사례를 소개하고자 한다. 신라젠은 면역항암치료제 개발에 특화된 바이오기업이다. 2016년 12월 초 상장되었고 2017년 초 10,000원에서 15,000원 선에서 거래되고 있었다. 그는 2017년 5, 6월경 주당 15,000원에 1,000주 정도를 매입하였다고 한다. 수개월 후 주가가 2배 수준으로 상승하자 매도 처분하였고, 100% 정도의 수익을 거두었다고 한다. 그러나 신라젠 주식은 이후에도 상승을 거듭하여 주당 10만 원을 넘어섰고, 2017년 중 한때 15만 원을 기록하기도 하였다. 그는 물론 엄청 아쉬워하였다. 요즘은 5만 원~10만 원 범위에서 등락을 반복하고 있다. 신라젠이 연구개발에 치중하는 나머지 아직도 제대로 이익을 내지 못하고 있는 것은 아쉬운 점이라고 하겠다.

언더독의 발굴이 사실 말처럼 쉬운 일은 아니다. 10여 년 전 워런 버핏이 한국의 포항제철 주식에 투자하였음이 알려졌다. 왜 포항제철에 투자하였는지에 대해 그는 이렇게 언론 인터뷰를 한 적이 있다.

"압도적인 이익을 내는 것은 아니나, 장기간에 걸쳐 꾸준히 이익을 내고 있는 회사이고, 한국의 공시시스템에 꾸준히 회계정보를 공개하는 투명한 회사이다."

그렇다. 꾸준히 이익을 내는 회사, 회계정보의 투명성을 실천하는 회사가 언더독의 반열에 들 수 있는 회사가 아닐까 생각해 본다. 매출액 대비 일정 비율의 연구개발비를 꾸준히 지출하는 회사도 유사한 범주에 넣을 수 있을 것이다. 그런 점에서 최근 신생 제약기업 중에서 언더독이 점점 많아지고 있는 것 같다.

# 코스피 시장과
# 코스닥 시장

앞서 살펴본 두 개의 주식 중, 삼성전자는 코스피 시장의 대표 종목이고, 신라젠은 코스닥 시장에서 거래되는 종목이다. 여기서 간단히 코스피 시장과 코스닥 시장에 대해 알아보도록 하자.

우선 코스피 시장과 코스닥 시장 모두 한국거래소가 개설한 주식거래 시장이다. 코스피 시장은 한국거래소 시장Korea Exchange: KRX과 동의어이다. 코스피 시장은 그냥 거래소 시장이라고도 부른다. 코스피 지수KOSPI: Korea Composite Stock Price Index라는 용어는 한국거래소 시장에 상장된 주식의 시가총액을 기준 시점과 비교하여 나타낸 지수이다.

코스닥 시장KOSDAQ: Korea Securities Dealers Automated Quotation은 첨단 기술기업, 벤처기업 등 기업들에게 원활한 자금 공급의 목적으로 개설된 주식시장이다. 이에 따라 벤처기업, 중소기업이 주된 거래 종목이고, 일부 대기업들도 포함되어 있다. 따라서 상대적으로 저위험의 안정적 주식투자를 원하는 투자자들은 코스피 시장의 종목을 검색하지만, 고위험-고수익을 도모하는 투자자들은 코스닥 종목을 주시하는 편이다.

주식시장은 또 **발행시장과 유통시장**으로 구분되기도 한다. 발행시장이란 새로 발행되는 주식이 증권회사를 통하여 주식시장에 상장되는 것을 말한다. 비상장 회사가 주식시장에 신규로 상장하는 것을 흔히 IPO^initial public offering: 기업공개라고 한다. IPO를 통해 신규 발행되는 주식은 우선 증권회사가 총액 인수한다. 증권회사는 이 중 일부 또는 대부분을 일반인 대상으로 공모를 한다. 공모란 기관투자가 또는 일반인 대상으로 주식매입 신청을 받아 분배하는 절차를 말한다. 일반 투자자들은 주식 공모에 대한 신청을 통하여 신규 발행되는 주식을 매입, 투자할 수 있다.

유통시장은 말 그대로 기<sup>旣</sup> 발행된 주식이 거래되는 시장이다. 실제로 주식을 매매할 때는 증권회사에 주식 위탁계좌를 개설하고, 증권회사의 중개를 통하여 거래한다. 증권회사가 주식을 중개하는 기능을 가리켜 브로커^broker라고 한다. 우리나라에서는 브로커에 대해 좋지 않은 이미지가 형성되어 있지만 본래 의미로는 중간에서 매매를 알선, 중개하는 자라는 의미이다.

# 가치투자

가치투자는 기업의 내재가치(기업의 본질적 가치를 말함)에 기초하여 투자하는 전략을 말한다. 세계적인 투자 귀재 워런 버핏Warren Buffett 이 이 원칙을 주창하면서 많은 사람들의 주목을 받게 되었다. 내재 가치는 PERPrice Earning Ratio에 의해 판단하는 것이 보통이다. **PER란 우리말로 '주가수익비율'로 불리는데, 주가/주당 순이익으로 계산한** 다. 즉, 주가가 12,000원이고 지난해 주당 순이익이 1,500원이라면 12,000/1,500=8이 된다. 이러한 이치로 기업의 재무실적 발표 통계 중 매출액과 영업이익이 중요한 것이다.

일반적으로 PER가 높다는 것은 현재의 이익창출 능력에 비해 과도 하게 주가가 높다는 의미이다. 우리나라에서는 대체로 코스닥 시장의 Tech-기업과 바이오 기업의 PER가 높은 편이다. 이는 미래의 이익창출 가능성에 초점을 두고 주가가 상승해 있다는 뜻이다. 다만 PER가 지나치게 낮은 것도 문제가 된다. 기업의 영업이 부진하여 이익을 내지 못하는 상황일 수도 있기 때문이다.

가치투자를 함에 있어서는 두 가지 포인트에 유의해야 한다. 첫째, **장기투자**이다. 내재가치가 높은 데도 주가가 낮은 상태에 있는 주식이 실제 주식시장에서 힘을 받으려면 시간이 필요하다. 과거 2000년대, 워런 버핏이 한국의 포항제철 주식에 투자하였다가 팔기까지 오랜 기간 기다렸다는 일화가 있다. 둘째, **내재가치가 높은 주식의 선별**이다. 이게 진정으로 어려운 작업이다. 혼자서 재무제표에 의한 기업분석을 한다 해도 찾아내기 어렵다. 우리나라에서는 과거 한국투자증권주식회사가 가치투자를 표방하여 많은 고객을 끌어들인 적이 있다. 이렇듯 투자를 함에 있어 전문가 못지않은 지식과 판단력이 요구된다면 혼자 끙끙 앓지 말고 직접 전문가를 찾아나서는 것도 하나의 방법이다. 직접 증권사를 찾아 상담도 받고 도움을 요청하는 것도 본인의 식견을 넓히고 실력을 키우는 데 분명 도움이 될 것이다.

# 사이클 투자

경제성장과 종합주가지수는 밀접한 관련이 있다. 국내총생산지표는 기업들의 매출액을 합산한 개념이고, 개별 기업의 매출증가는 곧바로 주가에 반영되기 때문이다. **일반적으로 주가지수의 상승이 경기의 상승에 6개월 정도 선행**한다고 한다.

경기가 하락하여 저점에 이를 무렵 주식투자를 시작한다면 머지않아 경기상승과 함께 주가상승을 기대할 수 있다는 논리다. 선진국의 펀드운용 투자기관들은 대부분 이런 개념 아래 최소 4~5년 기간으로 주식투자를 한다. 즉 경제 전체의 경기변동 사이클, 개별 업종의 경기변동 사이클을 파악하여 사이클상 하강과 저점기에 접어드는 시점에 주식 매집을 시작하고 사이클 상승을 기다리는 것이다.

한편 우리나라에서는 이와 별도로 대통령 임기에 따른 5년 주기 사이클도 존재한다. 즉 신임 대통령이 취임하면서 규제 완화, 재정 집행, 벤처기업 활성화 등 경제 활성화 대책을 내놓기 때문에 주식시장에도 훈풍이 분다. 그러나 임기 중후반으로 갈수록 점차 주식시장의 활력은 퇴보하는 경향이 있다. 실제로 문재인 대통령의 취임 당시인 2017년 5월에는 종합주가지수가 2,000 수준이었으나 이후 연말까지 2,500선까지 상승하기도 하였다.

# 위기가 기회다

2007~2008년 미국과 세계에 금융위기가 발생하였다. 워런 버핏은 2008년 10월 16일 자 〈뉴욕타임즈〉 신문에 글을 하나 기고하였다. "미국 주식을 사라. 나는 사고 있다Buy American. I am."라는 제목으로…. (출처: http://valueinvestingscreener.com/readings.html, 'Buy American. I am.)

"금융위기로 실업이 증가하고, 기업 활동은 위축되고 있으며, 신문의 헤드라인은 공포를 더욱 부추길 것이다. 그래서 나는 미국 주식을 사고 있다. 왜? 단순한 투자원칙이 나의 주식매입을 지시하고 있다. 사람들이 탐욕에 빠져 있을 때를 두려워해라. 다른 사람들이 두려워할 때 **탐욕을 가져라**Be fearful when others are greedy, and be greedy when others are fearful)"

당시는 서브프라임 모기지Subprime mortgage 사태로 인해 리먼 브라더즈Lehman Brothers Holdings Inc. 등 미국의 3대 증권사가 부도나고, 미국 경제 전반에 침체의 공포가 퍼지고 있을 때였다. 워런 버핏의 기고에서 예측한 대로 이후 주식시장의 공포는 진정되고 기업의 경제활동도 점차 안정화되기 시작하였다. 물론 그가 투자하였던 주식의 가치도 크게 상승하였음은 두말할 필요도 없다.

워런 버핏은 네브라스카Nebraska 주 오마하Omaha에서 1930년에 태어났다. 조지 소로스, 짐 로저스와 함께 세계 3대 투자 귀재로 인정받는다. 그의 직업은 투자가, 기업 경영가, 그리고 자선가이자 현재 버크셔 해서웨이Berkshire Hathaway 투자그룹의 회장 등 다양하다. 사람들은 그의 출생지를 따서 오마하의 현인이라고도 부른다.

경제전문 잡지인 〈포브스Forbes〉에 따르면, 2008년 기준으로 그의 재산은 약 620억 달러로 세계 제1위의 부자로 기록되었다. 그 후 거액의 자산을 자선재단에 기부함에 따라 2009년에는 빌 게이츠에 이은 2위로 낮아졌다. 하지만 그의 자산은 다시 증가하여 2013년 9월 기준으로 585억 달러(원화 기준 약 61조4천억 원)에 이른다고 한다(출처: Wikipedia).

이러한 워런 버핏의 투자 원칙에 기인하여 주식시장에는 "위기는 기회다."가 격언처럼 인용되고 있다. 이 격언이 주식투자만큼 잘 들어맞는 분야도 없을 것이다. 당시의 미국 금융위기는 외국의 사례이지만, 우리나라에서는 1997년 IMF외환위기 때가 전형적인 사례에 해당된다. 삼성전자 주가는 1995년경 주당 10만 원대를 호가했으나, IMF 외환위기로 주당 3만 원 수준으로 급락했다. 그러나 이내 10만 원대를 회복하더니 2000년대 들어서는 수십만 원대로 지속적 상승세를 보였다. 위기는 경제 전체에 대한 충격이지만 개별 기업은 이러한 충격을 금방 극복하고 회복하는 복원력이 있기 때문이다.

# 기업 지배구조의
# 변동과 주가

2010년대 중후반은 지배구조 개편이 주식시장의 최대 화두였다. 그도 그럴 것이 한국의 대표 그룹인 삼성그룹과 현대자동차그룹이 3세에 대한 승계 작업을 추진하던 시기였기 때문이다. 그중에서도 삼성그룹은 1남 2녀에 대한 분배와 이재용 부회장 소유체계의 공고화 문제가 걸려 있어 오래도록 주식시장에 영향을 준 것 같다. 지배구조 개편이 추진되는 경우 보통 주식의 장내 매집, 또는 기업 간 인수합병이 일어나기 마련이므로 주가에는 상승요인으로 작용한다.

특히 삼성물산과 제일모직의 합병 스토리는 2015년 한해를 뜨겁게 달군 지배구조 개편사례였다. 간략히 살펴보면, 2015년 5월, 제일모직과 삼성물산의 합병계획이 삼성그룹에 의해 발표된다. 이에 대해 엘리엇(7.12% 보유) 등 외국인 행동주의 펀드들은 삼성물산의 합병에 강력히 반대하였다. 그럼에도 불구하고 국민연금과 많은 내국인 소액 주주들의 찬성으로 2015년 7월 주총에서 합병 결의는 통과되었다.

과정이야 어찌되었든 간에 삼성물산의 주가는 약 30% 가까이 상승하였고, 외국인 기관투자가는 물론이고 많은 삼성물산 투자자들은 큰 이득을 볼 수 있었다.

# 주식회사의
# 의사결정 기관

창업주가 만든 기업의 합병에 대해 무슨 근거로 기관투자가가 반대하는가? 이에 대한 이해를 돕기 위해 여기서 주식회사의 의사결정 기관에 대해 알아보자.

상법에 의하면 주식회사의 기관은 크게 네 가지가 있다. 주주총회, 이사회, 대표이사, 감사가 그것이다.

★주주총회 주식회사가 발행한 주식에 투자한 주주들로 구성된다. 의결권을 행사함에 있어 1인당 1표가 아니고, 1주당 1표를 행사한다. 따라서 지분비율이 높은 자가 대주주가 되고, 가장 지분비율이 높은 대주주가 실질적인 영향력을 갖고 있다. 회사의 인수합병 등 중요 사항은 주주총회의 의결을 거쳐야 한다. 상법에 의하면 인수합병의 경우 주주총회 출석 주주의

3분의 2 이상 찬성을 얻어야 한다. 이러한 사안이 어느 정도의 지분을 가진 기관투자가들이 인수합병에 대해 찬반 견해를 피력하는 근거가 된다.

★이사회 대주주 등 주요 주주가 추천하여 자신을 대리할 수 있는 이사를 선임한다. 이사회에서는 회사의 신규사업 투자, 인수합병, 예산의 배분, 대표이사 추천 등의 사항을 토의, 의결한다.

★대표이사 이사회에서 추천하고, 주주총회에서 선임된다. 대표이사는 주총 의결사항과 이사회의 회사 정책 방향에 기초하여 회사 운영의 실무를 집행, 추진한다. 등기상 대표이사는 회사를 대신하여 각종 대외적 권리 의무행위를 수행함에 있어 회사를 대표한다.

★감사 대표이사 및 경영진과는 독립적 입장에서 회사의 재무상황 및 운영 실태를 감사하고 그 결과를 주주총회에 보고하는 업무를 맡는다.

창업주가 회사를 최초 설립할 때는 회사는 100% 온전한 그의 소유물이다. 즉, 10억 원이라는 자본금으로 회사를 창업하였을 때 모든 주식은 그가 100% 소유하고 있어 그가 전권을 행사한다. 그런데 회사가 확장을 하고 거액의 투자자금이 필요하게 되면 기업을 공개하게 된다. 다음의 예시를 보자.

창업 자본금 10억 원에서 100억 원의 기업으로 확장할 때 창업주가 약 20%가량의 지분을 보유하고, 나머지 80억 원(80%의 지분)은 주식시장의 투자자들로부터 자금을 모집하였다고 하자. 이 경우 80%의 지분은 대부분 소액투자자들이다. 따라서 집단적으로 세력을 결집하지 않는 이상, 여전히 20% 지분을 보유한 창업 대주주가 강력한 권한을 보유하는 게 사실이다.

그런데 일부 기관투자가가 투자목적으로 지분을 매집하여 7% 지분을 보유하게 되었다 하자. 그 기관투자가는 창업 대주주의 독단적인 경영 행위에 제동을 걸 수도 있다. 예를 들어 주주 친화적인 대표이사로의 교체, 배당 확대 등의 안건을 주주총회에 상정할 수도 있다.

특히 회사의 인수합병으로 구 주식을 반납하고 합병 후 회사의 신 주식을 교부받는 상황이 되는 경우 소액 주주의 주식가치에 커다란 변동이 초래될 수 있다. 합병에 따른 신 주식 교부 방법에 대해 살펴보자.

기업 간 합병을 하는 경우 기존 주주에게는 합병기업의 신주로 교부하게 된다. 이때 기존 기업의 주식가치와 합병기업 주식가치 간에 교환비율을 설정하게 된다. 만일 교환비율이 기업가치를 제대로 반영하지 못한다면 소액 주주들에게는 손해가 된다. 이런 상황에서 어느 선도적 기관투자가가 반대 투쟁을 선도한다면 소액주주들은 동조할 수 있다. 그 결과, 기존 창업 대주주의 합병 추진은 제약을 받을 수밖에 없다. 엘리엇 등 외국의 행동주의 헤지펀드들이 이러한 방법으로 지배구조가 취약한 한국의 대기업을 공격하는 것이다. 어느 주주든 주주권행사의 권리가 있기 때문에, 법적으로는 문제가 되지 않는다.

결론적으로 회사가 증권시장에 상장된 이상 대주주는 투명하고 건전한 경영을 해야 한다. 또 인수합병의 경우 기존 주주들의 주주권이 훼손되지 않는 방향으로 경영행위를 해야 할 의무가 있다. 주식회사의 소유 권한은 모든 주주들에게 있기 때문이다. 상법, 증권거래소 규정 등 제반 법규가 경영의 투명성과 건전성을 감시하고 있기 때문이다.

# 강타, 보아,
# 스톡옵션으로 2억 원을 벌다

최근 〈아시아경제신문〉에 아래와 같은 헤드라인의 기사가 실렸다
(2019년 1월 6일 자 인터넷판).


'스톡옵션 행사로 2억 번 강타, 보아'


다음은 기사의 내용이다.


"SM엔터테인먼트의 비등기 이사인 가수 강타(본명 안칠현)와 보아(본
명 권보아)가 지난해 스톡옵션을 행사해 2억 원가량의 차익을 남겼다.
안칠현 이사는 최근 SM엔터테인먼트로부터 부여받은 스톡옵션 물량
중 5,500주를 주당 5만3,500원에 장내 매도했다고 공시했다. 이번에

행사한 물량은 2015년 3월에 부여받은 1만 주 중 일부이다. 행사가격
이 주당 3만5,587원이라는 점을 감안하면, 안 이사는 약 1억 원의 차
익을 남긴 것으로 보인다. 안 이사는 나머지 스톡옵션 물량(4,500주)도
금년 1분기 내에 처분 결정을 내릴 것으로 보인다. 2015년 스톡옵션
물량에 대한 행사기간은 오는 3월 26일까지다."

"권보아 이사도 스톡옵션 행사로 짭짤한 재미를 봤다. 안 이사와 함께
같은 때, 같은 물량을 부여받은 권 이사는 지난해 9, 11월 두 차례에
걸쳐 스톡옵션 물량을 장내 매도해 1억3,000만 원가량의 수익을 올렸
다. 아직도 보유 중인 권 이사의 스톡옵션 주식은 1,180주로 알려지고
있다."

"SM 주가는 수직 상승하고 있다. 지난해 1월초 3만4000원 선에서 거
래되던 주가는 같은 해 11월 5만6900원까지 치솟으면서 '52주 최고가'
를 기록했다. 1년도 채 안 돼 약 67% 올랐다."

즉 안칠현 이사와 권보아 이사는 SM엔터테인먼트의 비등기 이사로
재직하면서 회사로부터 스톡옵션을 받았었고, 이 중 일부를 행사해
각각 1억 이상의 차익을 냈다는 것이다.
그렇다면 스톡옵션에 대해 좀 더 자세히 살펴보자.

★스톡옵션의 개념 기업이 임직원에게 일정 기간이 지난 후에 일정수량의 주식을 일정한 가격으로 살 수 있는 권한을 부여하는 제도이다. 영업이익 확대나 상장 등으로 주가가 상승하면, 스톡옵션을 부여받은 임직원은 그 주식을 매각하여 차익을 획득할 수 있어 임직원의 인센티브나 보상제도로 활용되고 있다. 대체로 대표이사와 임원들에게 주는 것이 일반적이고 예외적으로 일반 직원에게 부여하는 경우도 드물게 있다.

★스톡옵션 행사 방법 스톡옵션을 부여하는 경우 부여 시점의 주가를 행사가격으로 한다. 그리고 스톡옵션을 받은 해당 임원의 임기 만료 시 등 일정 기한조건을 충족하면 해당 임원은 스톡옵션 권한을 행사할 수 있다. 시장가격이 행사가격을 상회하는 경우 해당 임원은 스톡옵션 권한을 행사하여 기업으로부터 당초 정해진 가격에 정해진 수량만큼 매입하여, 장내에 시장거래 가격으로 매도한다.

---

### 강타의 스톡옵션 차익계산(예시)

* 언론에 보도된 내용을 토대로 한 추정치

- 2105년초 스톡옵션 5,500주를 부여받음
- 스톡옵션 행사가격은 주당 35,587원
- 2018년 말 행사시기 도래하였을 때 주가는 53,500원으로 상승
- 강타(안칠현 이사)는 스톡옵션 권한을 행사함, 회사로부터 5,500주를 35,587원에 매입하여 시장에 53,500원에 매각함
  (53,500-35,587) × 5,500주 = 약 9천8백만 원의 차익을 얻게 됨

스톡옵션은 임직원에게 회사의 주식을 매수할 권리를 부여함으로써 회사 임직원도 회사의 성장만큼 돈을 벌 수 있게 한 방법이다. 이 제도는 당초 대표이사 및 임원 등 경영진에게만 주는 인센티브 제도였다. 최근 일부 중견 대기업은 종업원에게까지 이 제도를 확대하여 시행한다고 한다.

간편 소액송금 서비스인 토스Toss의 운영업체 ㈜비바리퍼블리카가 대표적이다. 토스는 180명 임직원 전원에게 1인당 각각 5,000주씩의 스톡옵션을 지급한다고 발표하였다(2019년 1월 14일 자 〈중앙일보〉 보도). 현재 토스의 기업가치는 주당 2만 원으로 평가되므로 5,000주는 1억 원 상당으로 평가된다. 앞으로 주가가 상승하는 경우 종업원들은 커다란 시세차익을 기대할 수 있다.

정부도 벤처기업의 스톡옵션 제공에 대해 세제지원 방침을 밝혔다. 중소벤처기업부에 따르면 벤처기업들의 스톡옵션 비과세 한도를 현행 2,000만 원에서 1억 원으로 확대하는 방안을 추진한다. 현재는 종업원들의 스톡옵션 차익이 발생하는 경우 최고 2,000만 원까지 비과세이지만, 이 한도를 1억 원까지 높일 계획이라고 한다.

# 한국은행의 기준금리 변경과
# 주식시장

2019년 1월 들어 미국의 중앙은행 격인 연방제도준비이사회가 기준 금리 속도 조절에 나선다는 소식에 국내 주식투자자들은 안도하고 있 다. 우리나라도 아닌 미국의 금리인상 또는 인하에 왜 이런 반응을 보 이는가?

주식시장의 주가에 영향을 미치는 요인은 수없이 많지만 중앙은행 의 기준금리 변경이 가장 큰 요인이기 때문이다. 즉 **주가는 금리와 반 비례**한다. 그런데 금융시장의 글로벌화가 완성되어 있는 요즈음, 미 국과 한국의 금융시장은 거의 실시간으로 동조화되어 있다. 미국 중 앙은행의 금리상승/하락은 즉각적으로 우리나라의 금리 상승/하락에 영향을 주기 때문이다. 따라서 미국의 중앙은행이 금리인상을 자제한 다는 뉴스는 우리나라의 주식시장에 호재가 되는 것이다.

그렇다면 금리의 하락을 기준으로 하여 이것이 어떤 과정을 거쳐 주식시장에 영향을 미치는가를 살펴보도록 하자.

**첫째, 기준금리 하락은 시장금리 하락요인** 중앙은행의 기준금리는 정책금리이다. 다시 말해 한국은행이 은행에 자금을 공급할 때 적용하는 금리이다. 이 금리를 낮추면, 곧바로 은행, 증권회사 등 금융회사들의 조달금리가 낮아져 시장금리에 영향을 준다. 요약하면 한국은행의 기준금리 인하는 그대로 시장금리 인하로 연결된다. 시장금리란 은행의 예금금리, 대출금리, 채권 유통수익률 등이다.

**둘째, 유동성 경로** 금리가 하락하면 금융시장에 돈이 많이 풀리게 되고, 그만큼 시중의 유동성, 즉 유동자금이 풍부해진다. 이러한 유동자금은 주식시장 투자를 위한 투자자금으로 유입된다. 따라서 주식에 대한 투자수요가 많아지고, 주가는 상승 영향을 받는다.

**셋째, 주식의 상대적 기대수익률 상승** 앞서 기준금리 하락 시 시장금리인 채권의 유통수익률이 하락한다고 기술한 바 있다. 이처럼 채권의 투자수익률이 하락하는 경우 주식의 기대수익률이 상대적으로 높아지는 측면이 있다. 주식의 기대수익률은 (주가상승차익+배당금)/현재의 주가로 산출된다. 시장금리 하락은 기업의 자금조달코스트를 경감시켜 주고, 또한 전반적인 경기호조로 매출증가를 초래한다. 이럴 경우 기업 실적이 호전되어 배당금의 증가요인이 된다. 배당금이 증가되는 경우 주가상승 차익이 불변이라 가정하더라도 주식의 기대수익률은 상승의 요인이 된다. 따라서 채권의 투자수익률이 하락하고, 반대로 주식의 기대수익률 상승이 예상되므로 대체 투자상품으로 주식에 대한 투자수요가 증가하게 된다.

금리 하락이 주식시장에 미치는 영향은 간단히 다음과 같이 요약될 수 있다.

**금리가 하락하면 주식시장에는 호재 요인이 된다.**
**반대로 금리가 상승하면 주식시장에는 좋지 않은 뉴스가 된다.**

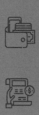

제9장

주식회사와
기업회계의 이해

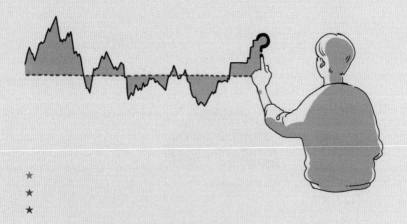

★
★
★

2019년 2월 1일, 국민연금이 주주권 행사를 통해 기업경영에 참여하겠다는 방침을 발표하였다. 그러자 주식시장은 물론 재계에 커다란 반향을 불러일으켰다. 아래는 국민연금의 기업경영 참여에 대한 주요 신문의 기사 헤드라인이다.

국민연금, 한진칼에 대한 경영참여 주주권 행사 추진(보건복지부 정책브리핑, 2019. 2. 1.)
국민연금, 한진칼에 경영참여 주주권 행사 후폭풍 우려(《문화일보》 인터넷판, 2019. 2. 1.)
'경영개입' 시동 건 국민연금… 다음 타깃 어딘가(《한국경제신문》 인터넷판, 2019. 2. 6.)
"배당 늘려라" 국민연금 효과 기대하는 증권가… 재계는 불만(《조선일보》 인터넷판, 2019. 2. 12.)
남양유업, 배당 확대 거부… 체면 구긴 국민연금(《동아일보》 인터넷판, 2019. 2. 12.)

국민연금이 민간기업의 경영에 간섭하는 데 대해 언론은 모두 비판의 화살을 퍼부었다. 더욱이 국민연금은 국민의 돈으로 모아진 기금이고, 국민연금은 한진칼 이외에 다수의 대기업 주식을 보유하고 있기 때문에 재계는 크게 우려하였다. 그렇다면 우선 일반투자자 입장에서 국민연금 등 기관투자가의 경영참여가 주식시장에 미치는 영향에 대해 살펴보자.

# 기관투자가의
# 경영참여와 주가

국민연금이 한진칼에 대하여 주주권 행사를 통하여 경영에 참여하겠
다는 뉴스가 나온 2월 1일 오후 2시 15분 한진칼의 주가는 전일 대비
2.71% 상승하였고, 한진의 주가는 전일 대비 5.8% 상승하였다. 반면
경영참여 대상에서 제외하겠다고 한 대한항공의 경우 그 주가는 전일
대비 1.7% 하락한 상태로 거래되었다. 이처럼 기관투자가가 주주권
행사를 통하여 경영에 참여하겠다는 입장을 밝히면 해당 기업의 주가
는 상승의 영향을 받는다. 국민연금의 경영참여는 현재 진행형이기
때문에 앞으로 주가가 추가 상승할지는 지켜봐야 할 것이다.

이쯤에서 과거, 기관투자가의 주주권 행사를 통해 경영참여를 한
사례를 찾아보자. 대표적인 사례가 있다. 바로 2003년 소버린Sovereign
자산운용의 ㈜SK 경영권 공격 사례다.

소버린 자산운용은 국적이 불분명하고, 정체도 불분명한 사모펀드 회사이다. 주로 아시아 등 개도국의 주식, 부동산 등에 투자하며 '행동주의 기관투자가'의 대표주자로 불리고 있다. 행동주의 기관투자가란 주주권을 적극적으로 행사하여 경영진 교체, 배당 확대, 경영 투명성 제고 등을 요구하는 투자가를 지칭한다. 따라서 주식투자를 통하여 단순히 주가상승 차익만을 기대하는 일반적인 기관투자가와는 차이가 있다. 아래에서는 이 사건을 일지 형식으로 살펴보도록 하겠다.

★2003년 4월 3일 소버린자산운용은 ㈜SK 지분 14.99%를 취득하였음을 공시하였다. 당시 주식매입 평균 가격은 대략 7,500원으로 추정된다. 그리고 당시 ㈜SK의 지분 구성을 보면 소버린자산운용이 14.99%로서 최태원 회장 계열의 15.93%에 이은 2위를 차지하고 있었다. 그 외 ㈜SK가 자사주로 10.41%를 보유하고 있었다. 그런데 자사주의 경우 의결권이 배제되므로 주총에서 표 대결을 할 경우 ㈜SK로서는 불안한 상황이 되었다. 나머지 58.67%는 소액주주들인 외국 기관, 국내 기관, 기타 국내 개인투자자 등이었다.

★2003년 6월 17일 소버린자산운용은 법적, 도덕적 결함을 이유로 ㈜SK 경영진의 교체를 공개적으로 요구하였다. 당시 ㈜SK글로벌과 최태원 회장은 회계분식, 회사자금의 유용 및 횡령 혐의로 금융감독 당국의 조사와

검찰의 수사를 받고 있었다. 소버린 자산운용이 경영진 교체를 요구한 배경이다. 이에 따라 최태원 회장 측은 경영권 방어에 불안을 느낀 나머지 시장에서 주식의 매집을 추진하였으며, 그 결과 ㈜SK의 주가는 지속적으로 상승하였다.

★2004년 2월 25일 소버린은 공개적으로, 최태원 회장의 퇴진을 다시 요구하였다. 그러나 2004년 3월 열린 주주총회에서 팬택엔큐리텔, 신한은행, 산업은행 등 백기사의 도움을 얻어 경영권 방어에 성공하였다. 2005년 주총에서도 비슷한 공방이 반복되었는데, 백기사들의 도움으로 ㈜SK는 경영권을 방어하였다.

★2005년 7월 16일 소버린은 보유지분을 모두 매각하였다. 주식매각 가격은 52,700원 수준으로 매입 시점 대비 약 7배가 상승하였는데, 약 1조 원의 투자수익을 거둔 것으로 추정된다.

결국 소버린은 2년간의 지리한 경영참여 투쟁 끝에 약 600%의 투자수익률, 약 1조 원의 매매차익을 거두었음이 밝혀졌다. 이처럼 주주권 행사를 통한 경영참여를 주장하는 기관투자가들은 결국은 주식투자 수익 극대화를 겨냥함을 알 수 있다. 개미투자자들도 이러한 경영참여 투쟁에 편승하여 주가상승의 혜택을 보았음은 명백하다. 이 사태

를 계기로 한국에서는 기업의 경영권 보호장치를 법적으로 보완하기
도 하였다.

소버린의 ㈜SK 경영권 공격 경과

# 경영참여는 무엇이고
# 어디까지인가?

그렇다면 국민연금은 왜 민간기업의 경영에 참여하려 하고 그 근거는 무엇인가? 먼저 국민연금이 민간기업의 경영에 개입하는 근거는 보유하고 있는 주식의 주주로서 행사할 수 있는 주주권에 있다. 즉, 상법상에 보장된 주주의 권리, 투표권, 정보공개 청구권, 주주제안권 등이 그것이다. 현재 국민연금은 한진칼의 주식 6.5%를 보유하고 있다.

이러한 주주권에 의거하여, 주주로서 주주총회에 참석하여 투표권을 행사하고 필요시 주주제안을 하기도 한다. 주주제안의 내용에는 배당금 확대, 경영 투명성 제고 등이 포함될 수 있다.

이러한 **주주권 행사의 취지는 주주이익의 극대화**에 있다. 하지만 기업경영의 모든 활동에 개입하는 것은 아니다. 실제로 대주주가 엄연히 존재하는 상황에서 기업활동에 개입한다는 것은 불가능하다. 한진칼의 지분 구조에서도 조양호 회장과 특수관계인이 28.7%를 보유하고 있어 제1 대주주이다. 국민연금의 지분은 6.5%에 불과하다. 다만 약 45%에 달하는 소액주주들이 경영진 교체 등에 동의하는 움직임을 보일 경우 대주주의 경영 불안감은 커질 수밖에 없다. 이에 따라 대주주는 경영의 건전성과 투명성을 제고하려는 노력을 기울일 수밖에 없다 하겠다.

한편 지분비율 10% 이상을 보유한 기관투자가가 경영참여를 통해 부당한 주식상승 차익을 취득하는 일은 차단되어 있다. 과거의 소버린 사태의 교훈으로 법규로 도입된 것이다. 10% 이상 보유한 기관투자가가 경영참여를 하고자 하는 경우 투자 목적을 '이익추구형'에서 '경영참여형'으로 사전 변경·신고해야 하고, 이 경우 이후 6개월간 주가상승이 있는 경우 그러한 주가상승 차익의 대부분은 당해 기업에 환수되도록 하는 규정이 있다. 따라서 과거의 소버린 사건과 같이 부당한 차익 도모와 '먹튀'는 이제 불가능하다.

# 주식회사의 기업공개와
# 재무상태표

주식회사의 재무정보에 대한 이해를 돕기 위하여 홍길동이 주식회사를 창업하는 경우를 가정해 보자.

홍길동이 컴퓨터시스템 기반 인형 봉제회사인 '인형봉'을 창업하였다. 회사 창업을 위하여 자기자금 70억 원, 부친으로부터 빌린 차입자금 30억 원, 합계 100억 원을 마련하였다. 그는 조달된 100억 원 중 80억 원을 재봉틀과 봉제용 컴퓨터 장비를 도입하는 데 쓰고, 20억 원은 각종 경비 사용을 위하여 은행에 예금해 두었다. 이러한 상황에서 인형봉 회사의 자산과 부채, 자기자본 상태를 모두 정리한 표는 아래와 같으며, 이를 '재무상태표'라고 한다.

현재 인형봉 회사의 지분 70억 원은 모두 홍길동이 출자하였으므로 그가 100% 투자주주이다. 따라서 이 회사는 100% 홍길동의 것이다.

어느 누구도 이 주식회사의 경영에 개입하거나 참여할 수 없다. 주식
회사의 최고 의결기관인 주주총회를 개최한다면 100%의 지분을 가진
홍길동이 모든 결정권을 가지기 때문이다.

**창업 당시 인형봉 주식회사의 재무상태표**

| 자산 | 부채 및 자본 |
|---|---|
| 재봉틀 및 컴퓨터장비: 80억 원<br>은행 예금: 20억 원 | 차입금: 30억 원<br>자기자본: 70억 원 |
| 자산 총계: 100억 원 | 부채 및 자본 총계: 100억 원 |

주: 자기자본 70억 원은 창업자인 홍길동이 주식 100%를 보유(100%를 소유한 1인 주주)

만일 이 회사가 만든 인형에 대한 수요가 폭증함에 따라 봉제 설비
를 현재보다 약 10배 수준으로 대폭 확충하려고 한다. 자기자본 마련
에는 한계가 있어 주식시장 상장을 통하여 필요 투자자금을 마련하고
자 한다. 그가 증권회사의 기업공개팀과 협의한 결과 다음과 같은 기
업공개 계획을 만들었다.

- 자기자본 규모는 현재의 70억 원에서 500억 원 수준으로 확대
- 자신이 자본금 30억 원 추가 출자
- 나머지 400억 원의 주식 발행분은 일반 투자자 및 기관투자가에게
  공모 방식으로 매각
- 그 결과 자신의 지분비율은 20%, 나머지 80%는 일반투자자 및 기관
  투자가가 분산하여 보유

이러한 계획에 따라 기업공개 한 결과 신규 조달 자본금 430억 원이 유입되었다. 유입된 신규 자금 중 350억 원으로는 재봉틀 및 컴퓨터 장비를 구입하고, 나머지 80억 원은 원재료 구입에 사용하였다. 그 결과 인형봉 주식회사의 재무상태표는 아래와 같이 바뀐다. 기업이 공개된 후에도 홍길동은 20%의 지분을 보유한 제1 대주주이지만, 과반수는 되지 못한다. 특히 주식시장에 상장된 기업으로서 재무제표 정보의 공개 등 공시의무가 뒤따른다. 또한 기관투자가가 주주권 행사를 통하여 경영참여를 도모할 수도 있다.

요약하자면 기업공개로 약 430억 원의 자본금을 외부로부터 조달하는 장점이 있지만, 부담도 뒤따른다. 즉 회계정보의 공시 등 경영 투명성 확대, 배당 요구, 회사자금의 횡령 및 배임혐의가 제기되는 임원의 교체 요구 등에 직면하게 되는 것이다. 이것이 100% 지분 보유 시 기업과 기업공개 후 기업 간의 중요한 차이점이라 하겠다.

**기업공개 후 인형봉 주식회사의 재무상태표**

| 자산 | 부채 및 자본 |
|---|---|
| 재봉틀 및 컴퓨터장비: 430억 원<br>원재료: 80억 원<br>은행 예금: 20억 원 | 차입금: 30억 원<br>자기자본: 500억 원 |
| 자산 총계: 530억 원 | 부채 및 자본 총계: 530억 원 |

주: 자기자본 500억 원의 지분 구조를 보면 홍길동 20%, 나머지 80%는 개인투자자 및 기관투자가가 분산하여 보유

# 어닝쇼크와
# 어닝서프라이즈

2019년 1월 8일 삼성전자의 2018년 4분기 영업실적이 발표되었다. 그러자 모든 언론에서 일제히 삼성전자 발 어닝쇼크라고 보도했다. 그리고 실시간 검색어로 어닝쇼크가 자주 등장했다. 어닝쇼크란 무엇인가? 삼성전자가 발표한 영업실적이 어떻기에 어닝쇼크인가?

먼저 삼성전자에서 발표한 보도자료를 삼성전자 뉴스룸https://news. samsung.com에서 찾아보자.

삼성전자, 2018년 4분기 잠정실적 발표(매출 59조 원, 영업이익 10.8조 원)

매출은 전분기의 65.46조 원 대비 9.87%, 전년 동기의 65.98조 원 대비 10.58% 감소했다.

영업이익은 전분기의 17.57조 원 대비 38.53%, 전년 동기의 15.15조 원 대비 28.71% 감소했다.

연간 기준으로는 매출 243.51조 원, 영업이익 58.89조 원의 실적이 예상된다.

매출은 전년의 239.58조 원 대비 1.64%, 영업이익은 전년의 53.65조 원 대비 9.77% 증가했다.


잠정실적은 한국채택국제회계기준K-IFRS에 의거해 추정한 결과이며, 아직 결산이 종료되지 않은 가운데 투자자들의 편의를 돕는 차원에서 제공되는 것이다.


보도자료의 요점은, 삼성전자의 2018년도 4분기 매출액과 영업이익이 크게 감소했다는 것이다. 이렇게 감소하는 경우 모두 어닝쇼크라고 부르는가? 그것은 아니다. 4분기 영업이익 규모(10.8조 원)가, 당초 증권사들이 예상했던 수준(13조 원 내외)에 크게 못 미쳤기 때문이다. 이처럼 **시장의 예상치보다 기업의 실제 실적이 크게 낮은 경우 증권시장에서는 이를 어닝쇼크**earning shock**라고 부른다.** 반대로 실적 발표치가 시장의 예상치보다 크게 상회하는 경우 어닝서프라이즈earning surprise라고 한다.

어닝쇼크가 발표되면 주가는 하락한다. 즉, 시장의 예상치보다 실제 실적이 더 나쁘므로 주가는 하락하게 된다. 실제로 어닝쇼크 실적이 발표된 당일 삼성전자 주가는 38,100원의 종가로 마감하여 전일 종가 대비 1.7% 정도 하락하였다. 다만 그 영향이 얼마나 오래갈지는, 뒤따르는 기업실적 전망에 따라 좌우된다. 삼성전자의 어닝쇼크는 반도체 가격 하락에 주로 기인한 것이다. 반도체 가격의 하락은 이미 지속되어 왔던 문제이고, 어느 정도 시장에 반영된 재료이다. 그에 따라 다음날부터 삼성전자 주가는 서서히 상승하게 된다. 1월 8일 38,100원으로 마감되었던 삼성전자의 주가는 1월 15일 종가기준 41,100원으로까지 상승하였다.

이처럼 개별기업 주가에 가장 큰 영향을 미치는 요인은 기업실적이다. 이는 다음과 같은 한 줄로 표현된다.

**기업의 주가는 기업의 현재 실적과 향후 예상되는 실적을 반영하는 것이다.**

# 기업실적과
# 손익계산서

여기서 기업의 매출액, 영업이익이 주가에 커다란 영향을 미친다는 사실을 알 수 있다. 따라서 매출액, 영업이익의 개념에 대해 좀 더 알아볼 필요가 있다. 아래 표에서는 손익계산서 체계를 중심으로 여러 용어들의 관계를 나타내고 있다.

**기업의 손익계산서 체계**

| 구분 | 설명 |
|---|---|
| 매출액 | 상품 판매 수입 |
| △ 매출원가 | 상품 생산에 소요된 원재료 비용 |
| 매출총이익 | 매출액에서 매출원가를 차감 |
| △ 판매비와 관리비 | 인건비, 경비, 광고 등 판매비용 |
| 영업이익 | 매출총이익에서 판매비/관리비를 차감 |
| ±영업외수익, 영업외비용, 법인세 | |
| 당기순이익 | 영업이익+(영업외수익-영업외비용)-법인세 |

우선 매출액은 기업이 제품을 판매하여 벌어들인 판매수입을 말한다. 삼성전자 같은 제조업체라면 반도체, 휴대폰 등의 판매수입이 매출액이 된다. 매출에는 국내 판매와 수출이 있다. 우리나라 기업들은 수출의존도가 크므로 수출 실적이 매출액을 좌우한다. 삼성전자의 경우도 매출액은 최근 반도체 판매 수입에 따라 왔다 갔다 한다.

> 매출액 = 기업이 제품을 판매하여 벌어들인 판매수입

매출액에서 매출원가를 차감한 것을 매출총이익이라고 한다. 매출원가는 상품생산에 드는 원재료 비용을 말한다. 매출총이익에서 판매비와 관리비를 차감하면 영업이익이 된다. 판매비와 관리비는 임직원에 대한 임금, 각종 경비, 그리고 광고, 유통 등에 소요되는 판매비용을 말한다. 영업이익에 영업외순이익을 더하고 법인세를 차감하면 당기순이익이 된다.

> 매출총이익 = 매출액 - 매출원가 = 매출총이익
> 영업이익 = 매출총이익 - 판매비와 관리비
> 당기순이익 = 영업이익 + (영업외수익-영업외비용) - 법인세

매출액, 영업이익, 당기순이익 등을 집약해 놓은 회계장부를 손익계산서라고 부른다. 기업의 손익계산서는 분기별로 그리고 1년 단위

로 집계한다. 회계처리는 보통 분기 종료 시점에 시작하여 익익월<sup>翌翌</sup> <sup>月</sup>경 완료된다.

# 회계정보의 공시

주식시장에 상장된 기업은 회계정보를 공시할 의무가 있다. 회계정보를 공시하는 것은 주식에 투자하는 투자자를 보호하기 위한 것이다. 기업의 회계정보를 모든 투자자가 공평하게 입수할 수 있게 함으로써 투자나 매매거래의 공정성을 확보하기 위한 것이다.

공시 시기, 내용은 기업에 따라 약간 다르다. 먼저 삼성전자 등 대기업의 경우 투자자에 대한 충분한 정보 제공을 위하여 매출액과 영업이익잠정실적만 분기 종료 후 익월 초중순 발표한다. 이러한 속보速報치를 잠정실적이라고 부른다. 이와 아울러 분기종료 후 익월 말경에 손익계산서와 재무상태표를 포함한 재무정보를 잠정실적으로 공시한다. 그 후 회계감사를 거친 확정 재무제표를 또다시 공시한다.

코스닥 상장기업들의 공시는 약간 다르다. 잠정실적을 발표하지 않는다. 그러나 재무제표 잠정실적과 회계감사 후 확정실적은 의무적으로 공시해야 한다.

이 세 가지 회계정보 중에서 익월 초순경 발표하는 매출액과 영영업이익 잠정실적에 주식시장의 이목이 집중된다. 그것은 매출액과 영업이익이 기업실적을 판단하는 대표 지표이자, 가장 빨리 공표되는 지표이기 때문이다.

기업이 공시하는 손익계산서 등 재무제표 정보는 금융감독원 공시 규정과 형식에 맞추어 공표되고 있다. 일관된 기준과 양식에 의해 작성, 발표한다. 또한 기업은 공시한 각종 재무정보를 금융감독원 전자 공시시스템dart.fss.or.kr에 입력, 제공하고 있다. 따라서 투자자들은 누구나 금융감독원 전자공시시스템에 접근하여 개별 회사의 각종 재무정보를 조회, 검색할 수 있다.

주식투자에 심취하는 경우 기업 재무제표 분석이 필수적이므로, 언론에 보도되는 정보보다는 전자공시시스템에 공시되는 실제 정보를 직접 검색, 확인할 필요가 있다. 과거, 미국의 투자 귀재 워런 버핏이 우리나라의 포항제철 주식에 투자하기 전, 전자공시시스템의 재무정보를 분석하였다는 일화가 있다.

아래는 금융감독원 전자공시시스템에서 검색한 삼성전자의 2019년 1월 31일 자 공시자료이다.

## 삼성전자의 연결재무제표 기준 영업(잠정)실적(공정공시)

동 정보는 잠정치로서 향후 확정치와는 다를 수 있음

연결실적 내용

단위: 억 원, %

| | | 당기실적 ('18.4Q) | 전기실적 ('18.3Q) | 전기 대비 증감률(%) | 전년동기실적 ('17.4Q) | 전년 동기 대비 증감률(%) |
|---|---|---|---|---|---|---|
| 매출액 | 당해실적 | 592,650 | 654,600 | -9.46 | 659,784 | -10.18 |
| | 누계실적 | 2,437,714 | 1,845,064 | - | 2,395,754 | 1.75 |
| 영업이익 | 당해실적 | 108,006 | 175,749 | -38.55 | 151,469 | -28.69 |
| | 누계실적 | 588,867 | 480,861 | - | 536,450 | 9.77 |
| 법인세 차감전 이익 | 당해실적 | 116,079 | 179,693 | -35.40 | 167,044 | -30.51 |
| | 누계실적 | 611,600 | 495,521 | - | 561,960 | 8.83 |
| 당기순이익 | 당해실적 | 84,622 | 131,507 | -35.65 | 122,551 | -30.95 |
| | 누계실적 | 443,449 | 358,827 | - | 421,867 | 5.12 |
| 지배기업 소유주 지분 순이익 | 당해실적 | 83,301 | 129,674 | -35.76 | 120,164 | -30.68 |
| | 누계실적 | 438,909 | 355,608 | - | 413,446 | 6.16 |
| 2. 정보 제공 내역 | | 정보 제공자 | | IR팀 | | |
| | 정보 제공 대상자 | 국내외투자자 및 언론 등 | | | | |
| | 정버 제공 (예정)일시 | 2019년 1월 31일 오전 10시 예정 | | | | |
| | 행사명(장소) | 2018년 4분기 삼성전자 경영설명회 Conference call 한국어/영어 동시 진행 | | | | |
| 3. 연락처(관련 부서/전화번호) | | | IR팀(02-2255-9000) | | | |
| 4. 기타 투자판단과 관련한 중요사항 | | | | | | |

-상기 내용 중 2018년 4분기 당해 및 누계실적은 삼성전자 본사, 자회사 및 관계사 등에 대한 외부감사인의 회계감사가 완료되지 않은 상태에서 작성된 자료이므로 그 내용 중 일부는 회계감사 과정에서 변경 가능함
-상기 내용 중 2017년 4분기 실적은 2018년 1월 1일부터 시행된 새로운 회계기준을 소급적용하지 않은 실적임
※ 투자자의 편의를 위하여 삼성전자 홈페이지 내 webcasting 병행 실시
국문IR 홈페이지 https://www.samsung.com/sec/ir
영문IR 홈페이지 https://www.samsung.com/global/ir

출처: 금융감독원 전자공시시스템

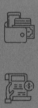

제10장

핀테크와
화폐의 미래

★
★
★

KB국민은행이 2019년 1월 8일 대거 파업을 했다. 전 직원 1만7,000명 가운데 약 30%인 5,500명이 파업에 참여했다. 이에 대해 〈조선일보〉는 2019년 1월 9일 자 경제면 1면 톱에 이런 제목을 올렸다.

"5,500명 빠져도 혼란 없었다", 파업에 드러난 '은행의 현실'

커다란 혼란이 있을지 모른다는 예상과 달리 은행 직원이 5,500명이나 업무에서 빠졌지만 문제가 없었다. 실제로 은행 이용 고객들은 현금인출, 예금, 계좌이체, 송금 등 은행거래를 하기 위해 은행 영업점에 직접 갈 일이 별로 없다. ATM(Automatic Teller Machine: 현금자동입출금기), 인터넷뱅킹, 모바일뱅킹에 의해 현금인출, 현금입금, 계좌이체 등 대부분의 은행업무가 가능하다. 또, 신용카드, 체크카드로 웬만한 상품구매는 다 처리할 수 있다. 핀테크의 도움으로 이제 컴퓨터, 스마트폰, ATM에 의해 대부분의 은행업무를 처리하고 있다. 이렇게 은행노조의 위력을 반감시키고 있는 핀테크란 과연 무엇일까?

# 핀테크
## 은행노조의 위력을 반감시키다

핀테크란 금융Finance과 기술Technology의 합성어로 금융과 IT의 융합을 통한 금융서비스 및 금융산업의 변화를 통칭한다. 또 금융과 IT의 융합으로 '금융업과 직접 관련이 있거나 효율적 업무수행을 위해 필요한 업무'로 폭넓게 정의되기도 한다.

핀테크는 4차 산업혁명의 일환으로 금융산업에 적용되는 새로운 트렌드이다. 취지는 금융소비자에게 보다 저렴하고 보다 편리한 금융상품을 제공하자는 데 있다. 이는 금융산업의 경쟁을 촉진하고 신 성장동력으로 작용하고 있다. 국내 금융회사들은 간편결제, 송금, 생체 인증 등 금융거래 소프트웨어, 플랫폼, 빅데이터 분석 등 다양한 핀테크 비즈니스 모델을 도입하였다. 그 외에 인공지능을 활용하는 챗봇도 미래의 핀테크 분야로 지목되고 있다.

특히 ATM이나 스마트폰뱅킹, 인터넷뱅킹이 은행 업무를 대체하고 있다.

★ATM ATM은 우리말로 현금자동입출금기라 칭한다. 보통 은행영업점 입구나 지하철역, 기타 공공장소 등에 설치되어 있다. 카드 또는 통장만 으로 ATM기기에서 현금인출, 현금입금, 계좌이체, 예금거래내역 조회 등 이 가능하다. 더욱이 대부분의 ATM기기는 아침 8시부터 자정 가까이 혹 은 24시간 이용이 가능하다.

★인터넷뱅킹 인터넷뱅킹은 현금만 인출할 수 없을 뿐, ATM보다 더 편리 한 전자 은행업무시스템이다. 가정이나 회사의 컴퓨터를 통하여 거액 송 금, 계좌이체, 펀드매매, 예금거래 내역 조회 등이 가능하다. 단지 인터넷 뱅킹 보안사고 방지를 위해 엄격한 인증절차가 요구된다. 보통 공인인증 서 또는 OTP<sup>일회용 보안번호</sup> 등의 사전발급이 필요하다.

★모바일뱅킹 모바일뱅킹은 인터넷뱅킹의 스마트폰 버전이다. 그래서 스 마트폰뱅킹이라고 부르기도 한다. 스마트폰에 앱을 다운로드받아 거래 하는 은행업무 시스템으로, 기능은 인터넷뱅킹과 대체로 유사하다. 근래 에는 치킨 등 음식의 주문, 소액쇼핑 등이 대부분 스마트폰으로 이루어지 고 있어 스마트폰뱅킹이 대세로 자리 잡고 있다. 모바일뱅킹은 보안 취약

성, 복잡한 보안절차 등 단점이 있었으나 최근에는 이마저도 대폭 개선되었다. 특히 소액송금은 복잡한 인증절차 없이 거래할 수 있도록 개선되었다. 예컨대, 인터넷전문 은행인 카카오뱅크의 경우 복잡한 인증절차를 대부분 생략하고 친구가 카톡으로 보내온 계좌번호와 비밀번호 입력만으로 소액송금을 할 수 있게 되었다.

이러한 핀테크에 의한 업무처리는 은행인력의 대폭 감축을 초래하고 있다. 실제로 은행업은 인력감축의 회오리에 빠져 있다. 2018년부터 2019년 초 사이에 은행권은 수천 명을 내보내는 희망퇴직을 실시하였다. 앞으로 영업점의 ATM화, AI에 의한 투자상담 등이 가시화될경우 은행산업의 인력감축은 대세가 될 전망이다. 또 한편으로 은행업은 핀테크 민간기업들로부터 송금, 결제서비스에서 커다란 도전을받고 있다. 물론, 금융소비자들에게는 혜택으로 돌아갈 것이다.

**이렇게 핀테크 열풍과 더불어 결제수단으로서의 현금의 역할과 그가치는 점점 떨어지고 있다.** 2016년 한국은행이 지급수단별 이용도를조사하여 발표하였다. 이용건수 기준으로 보면 신용카드가 50% 이상을 차지하고, 현금은 26% 정도다. 그런데 이용금액으로 보면 현금의이용도는 신용카드, 체크카드, 계좌이체에 이어 4위로 뒤쳐진다. 요즘은 스마트폰의 보급으로 물건이나 음식주문 등을 핑거팁으로 처리하기 때문에 현금의 이용 비중은 갈수록 떨어지고 있다.

| 건수 | | 금액 | |
|---|---|---|---|
| 신용카드 50.6% | | 신용카드 54.8% | |
| 현금 26.0% | | 체크카드 16.2% | |
| 체크카드 15.6% | | 계좌이체 15.2% | |
| 계좌이체 5.3% | | 현금 13.6% | |
| 선불카드 2.4% | | 선불카드 0.2% | |

**지급수단별 이용도**

# 신용카드 해외 사용의
# 유의사항

신용카드는 여전히 지급수단 중 가장 이용비중이 높다. 가장 편리한 결제수단이다. 하지만 양날의 칼이라고도 할 수 있다. 한 사람이 서너 장씩 보유하고 있어, 자칫 방만하게 이용할 경우 과소비나 카드 돌려 막기 등 부작용 우려가 있기 때문이다. 과거 2000년대 카드사태가 카드 돌려막기에서 시작되었다.

신용카드를 해외에서 무분별하게 사용하는 경우 카드 정보의 부당 유출 우려가 크다. 중국이나 동남아국가에서는 신용카드정보의 유출 위험이 높다. 또, 일단 청구된다면 결제거부 절차가 까다롭거나 결제 거부를 하기도 매우 어렵다. 신용카드는 신용카드 번호와 카드만기 정보만 제시하면 대금청구가 이루어지기 때문이다.

특히 최근 해외직구가 대폭 증가하고 있는데, 정체를 알 수 없는 해외 인터넷쇼핑몰에서의 신용카드 구매는 매우 위험하다. 기업의 정보나 신용 상태를 알 수 없는 해외의 인터넷쇼핑사이트에서 신용카드로 결제하는 것은 카드 정보를 그냥 넘겨주는 것과 같다. 그래서 미국인들은 인터넷쇼핑을 할 때 카드보다 페이팔PayPal을 이용하는 빈도가 높다고 한다. 페이팔은 금융회사가 아닌 '결제중개업체'이다.

요즘 한국의 소비자들도 페이팔을 통한 해외직구 결제가 늘고 있다. 페이팔을 통한 해외직구 결제의 절차에 대해 살펴보자.

- 페이팔 한국지사 홈페이지에 가서 회원가입을 한다(사전에 신용카드에 의한 결제거래약정을 하는 것이다).
- 미국 등 외국의 전자상거래 사이트에서 구매할 물품을 선택한 후 지급수단으로 페이팔을 선택한다.
- 자동적으로 화면이 페이팔 홈페이지로 연결된다.
- 페이팔 홈페이지에서 신용카드(또는 e-banking) 지급수단을 선택한다.
- 신용카드(또는 e-banking) 수단을 선택하면 고객의 대금결제 승인이 이루어진 것이 된다. 그리고 페이팔이 한국의 소비자에게 신용카드 대금을 받아 결제 처리한다.

위의 결제 과정에서 보면, 고객의 신용카드 정보는 오직 페이팔에게만 제공될 뿐이고 개별 전자상거래업체에는 일체 제공되지 않는다.

신용카드 정보 유출 위험이 원천 차단된다.

# 핀테크의 진화
## 간편결제와 소액송금

핀테크가 발전하면서 소비자의 금융거래가 편리해지고 있다. 간편결제와 소액송금서비스가 대표적이다. 공인인증서나 보안카드를 사용하지 않아도 된다. 또, 수수료가 크게 줄어들었다.

간편결제의 선두주자는 삼성전자의 삼성페이samsung pay다. 상점에서 물건을 구매할 때 스마트폰을 단말기에 접촉하기만 하면 결제 처리된다. 신용카드를 서너 장씩 지갑에 넣어 다닐 필요가 없다. 다만 삼성페이 거래를 시작하기 전에 신용카드 등 지급카드 정보를 스마트폰에 미리 저장해 두어야 한다. 거래대금은 신용카드 청구서로 날아온다. 삼성페이 누적 가입자 수는 이미 1,000만 명을 넘어 섰다.

카카오페이, 네이버페이도 간편결제 서비스로 출시되었다. 삼성페이와는 이용방식에 약간의 차이가 있다. 카카오페이와 네이버페이를 이용하는 경우 결제에 사용할 현금을 미리 충전해 두어야 한다. 이러한 돈을 선불금이라고 한다. 이 결제방식은 선불금을 이용하여 결제하는 방식이기 때문이다. 현재 선불금의 최대한도는 200만 원이다.

간편 소액송금 서비스의 선구자는 ㈜비바리퍼블리카의 '토스'다. '토스' 앱을 스마트폰에 다운로드해 두면, 보안카드나 공인인증서 없이 송금할 수 있다. 송금을 받는 사람의 이름 또는 계좌번호만으로 가능하다. 다만, 최초 가입 시 거래은행의 계좌를 등록할 때 공인인증서가 한 번은 필요하다. 그리고 하루 송금한도 50만 원 등 거래금액의 제한도 있다. 그래서 간편 소액송금 서비스다. 현재 토스 앱의 누적 다운로드가 1,600만 건에 이르고 있다. 다른 결제서비스 업체들도 경쟁적으로 유사한 서비스를 출시하고 있다.

소액 외화 해외송금 서비스도 소비자에게 커다란 혜택이다. 인터넷전문 은행인 카카오뱅크가 2017년 시작한 소액 해외송금 서비스가 그것이다. 카카오뱅크는 소액 해외송금 수수료를 기존 은행권 대비 10분의 1 수준으로 대폭 낮췄다. 5천 달러 이하 송금은 5천 원, 5천 달러 초과는 1만 원의 수수료만 내면 된다. 시티은행의 글로벌 네트워크를 활용하여 미국, 유럽 등 19개 국가를 대상으로 해외송금 할 수 있다. 카카오뱅크의 소액 해외송금 서비스 출시에 자극받아 하나은행, 국민은행 등 일반은행들도 비슷한 서비스를 제공하고 있다. 핀테크가 가져 온 혁신의 혜택이다.

정부도 핀테크 서비스의 발전에 힘을 보태는 모습이다. 2월 하순 금융위원회는 금융결제 인프라 혁신방안을 발표하였다. 앞으로 카카오페이, 네이버페이 등 간편결제 서비스도 신용카드처럼 후불결제가 가능하게 할 방침이라고 한다. 또 현재 200만 원으로 제한되고 있는 페이의 선불금 충전한도도 최대 500만 원으로 확대해 줄 방침이다. 이렇게 되면 간편결제의 편리성은 더욱 커질 것이다.

# 주식거래는
# 사이버트레이딩으로

은행거래뿐만 아니라 주식거래도 인터넷 또는 스마트폰 거래가 대세다. 이를 사이버트레이딩이라고 한다. 사이버트레이딩이란 컴퓨터 또는 스마트폰에 거래 증권회사의 사이버트레이딩 시스템을 다운로드한 후, 이것을 통하여 주식의 매매, 주식거래 내역 조회, 각종 주가정보 조회 및 검색 등을 하는 것이다.

사이버트레이딩이 도입되기 전에는 전화로 매매주문을 하였으나 이제는 사이버트레이딩으로 주식매매를 한다. 사이버트레이딩은 흔히 홈트레이딩이라고도 한다. 이는 가정의 개인 컴퓨터에서 주식매매를 하는 것이 일반적이기 때문이다. 대부분의 기업에서는 직원이 회사컴퓨터로 사이버트레이딩을 하는 것을 금하고 있다. 이는 바쁜 업무시간에 개인적 투자에 시간을 쏟는 것을 방지하기 위한 측면도 있

고, 회사 내부정보를 부당하게 이용하는 것을 방지하려는 측면도 있

는 것으로 보인다.

# 가상화폐와
# 투기자 파탄

카드, 인터넷뱅킹, 모바일뱅킹 등 신종결제수단이 자리 잡아 가는 가운데 컴퓨터 기반의 새로운 화폐가 등장하였다. 이른바 가상화폐(또는 가상통화 또는 디지털통화)라고 부른다. 가상화폐라고 부르는 것은 컴퓨터 기반으로 만들어져 실체가 없기 때문이다. 한편 가상화폐 대신 거의 동일한 의미로 암호화폐라는 명칭도 사용된다. 가상화폐가 암호화 알고리즘을 이용하여 생성된다는 관점에서 암호화 알고리즘 전문가들이 칭하는 용어이다. 아무튼 가상화폐는 다음과 같이 정의된다.

"가상화폐란 정부나 중앙은행이 제조, 공급하는 화폐와 달리 민간인
이 컴퓨터시스템에 의해 발행하는 화폐로서 온라인상으로 거래 또는
통용되는 화폐이다."

민간인이 발행하기 때문에 수많은 종류가 있으나 '비트코인'이 대표적이다. 이 화폐는 민간인에 의해 발행되고 개인 컴퓨터에 의해 민간인끼리 매매 또는 거래되기 때문에 해킹 방지가 필수 요소다. 따라서 블록체인이라는 해킹 방지 특수기술에 의해 커버되고 있다.

한편 가상화폐는 민간기업이 개설한 가상화폐 거래소에서 투자자들 간에 거래가 되기도 한다. 비트코인의 가격은 한때 2천만 원까지 상승하였으나 지금은 대폭 하락하여 2019년 1월 10일 현재 425만 원 수준에서 거래되고 있다. 이처럼 가상화폐는 그 자체가 가격을 형성하고, 상승과 하락을 반복하기 때문에 투자상품으로 인식되는 경향이 많다.

가상화폐의 등장 이후 적지 않은 사람들이 '화폐의 기능'에 대해 헷갈려 한다. 여기서 잠깐 화폐의 고유한 기능에 대하여 살펴보자. 화폐에는 세 가지 기능이 있다.

★첫째, 지불수단으로서의 기능 화폐는 기본적으로 물건을 살 때 지불수단으로서 기능을 한다. 이것을 화폐의 '교환매개'기능이라고도 한다. 화폐의 발달사를 보면 물물교환경제에서는 상품 자체를 서로 맞바꾸었다. 이후 금, 철, 소금 등 귀한 물건을 대표 상품으로 정하고 교환하던 시기를 거쳐 오늘날과 같은 화폐의 시대로 발전하여 왔다. 이제 화폐교환경제에서는 모든 상품을 사고 팔 때 국가가 법적으로 통용通用성을 부여한 화폐에

의해 교환된다. 이 기능은 화폐의 기본적인 기능이자 가장 중요한 기능이다. 만일 이러한 지불수단 기능이 약하다면 화폐로서의 가치가 퇴색될 것이다.

앞에서 본 가상화폐의 경우 지불수단으로서의 기능이 매우 약하였다. 가상화폐를 지불수단으로 받아주는 상점이 극히 미미했고, 또 받아주려 해도 가치변동이 극심하여 수용되기 어려웠다. 이 점에서 가상화폐라기 보다는 투자 또는 투기를 위한 상품처럼 여겨졌다.

★둘째, 가치척도로서의 기능 모든 상품에는 가치가 있다. 그런데 그 가치를 어떻게 평가할까? 화폐가 출현하기 전에는 상상하기 어려웠다. 그러나 오늘날에는 쌀 한가마 50,000원, TV 한 대 1,000,000원 등으로 표시한다. 상품의 가치를 화폐로 표시하는 것을 화폐의 가치척도 기능이라고 한다.

★셋째, 가치저장의 기능 화폐 자체를 보유하고 있으면 시간이 지나도 그 가치가 유지된다. 예컨대 내가 1,000,000원의 화폐를 집에 두고 있다면 내년에도 그 1,000,000원의 가치는 그대로 유지된다. 이것이 가치저장의 기능이다. 현실 경제에서 보면 상품을 집에 저장하는 것보다 화폐를 저장하는 것이 훨씬 편리하다. 심지어 오늘날에는 은행에 예금을 해두면 이자까지 생기기도 한다.

다시 가상화폐 이야기로 돌아와 보자. 2017년은 가상화폐 광풍의 해였다. 마치 18세기 네덜란드에 발생하였던 튤립 광풍과도 같았다. 비트코인 가격은 2017년 초반 3, 400만 원에 거래되었으나 2017년 종반 2천만 원을 넘어섰다. 또 세계 전체의 비트코인 거래량 중 20~25%가 한국에서 거래될 정도로 우리나라에서 투기 광풍이 불었다. 특히 2018년 들어서는 부화뇌동의 행태를 보이는 투자자들이 대거 뛰어들어 열풍을 더욱 고조시켰다.

다른 나라와 달리 한국에서 비트코인의 투기 열풍이 특히 강했던 것에 대해 두 가지 해석이 있었다. 가상화폐는 자금의 출처가 확인되지 않는 가상계좌 서비스에 의해 거래되었기 때문에 부유층이 탈법적으로 증여, 상속하는 수단으로 악용되었다는 주장이다. 또 하나는 스마트폰과 IT에 익숙한 일부 젊은이들이 수백만 원을 투자하여 수십, 수백 배의 큰돈을 벌었다는 성공 사례가 SNS 상에 유포되었다는 점이다. 하지만 팩트 검증은 불가능하다.

어쨌든 정부는 2017년 12월 다수의 부서가 합동으로 참여한 대책회의를 열었고, 투기근절 대책을 발표하였다. 가상화폐 거래를 금지한 것은 아니다. 다만 가상통화 실명화, 가상화폐 거래소에 대한 자금세탁 방지의무 부과 등 거래자금의 원천을 투명하게 한 조치를 실시하였다. 이것만으로 불과 수일 사이에 비트코인의 가격은 2천만 원에서 1천만 원대로 급락하였고, 2019년초 현재는 400만 원 수준에서 거래되고 있다.

당시 여기저기에서는 가상화폐만이 대한민국에서 부자가 될 수 있는 유일한 수단이라며 나이와 계층을 가리지 않고 사람들이 가상화폐에 몰두했다. 하지만 뒤늦게 투자대열에 동참했던 투자자들은 참혹한 실패를 맛보게 되었다. 특히 컴퓨터와 IT에 가까운 청년층들이 많은 손실을 본 것으로 추측되고 있다. 이는 워낙 어려운 경제 여건 속에 놓인 서민들이 얼마나 절실한 심정으로 하루하루를 살아가고 있는지를 여실히 보여준다. 어쩌면 우리가 경제에 대한 가장 기본적인 지식을 알아야 하는 까닭도 여기에 있다. 기본적으로 알아야 할 지식이야말로 삶을 좀 더 행복하게 만드는 무기이자 세상의 풍파로부터 자신을 지켜주는 방패가 되기 때문이다.

# 디지털화폐의 미래

가상화폐 등 디지털화폐의 미래에 대한 전망은 전문가들 사이에서도 다소 엇갈리는 상태이다. 그러나 대체로 부정적인 견해가 우세한 편이다. 미국의 금융투자 전문가인 짐 로저스 Jim Rodgers의 견해도 이러한 주장에 힘을 싣고 있다. 2019년 1월 초 〈조선일보〉가 짐 로저스와의 인터뷰 기사를 실었다. 짐 로저스는 암호화폐의 미래에 대해 이렇게 밝힌 바 있다.

"블록체인과 암호화폐는 분리해 생각해야 한다. 블록체인 기술은 우리가 아는 모든 걸 바꿀 만한 잠재력이 있지만 암호화폐는 모두 사라질 것이다."

"민간 암호화폐 전문가들은 저마다 자신들이 정부보다 똑똑하다고 주장한다. 아마 그럴 것이다. 하지만 총자루를 쥔 건 정부다. 1930년대 대공황 시기에 영국에선 금과 은은 물론 설탕과 조개껍질까지 화폐로 통용되기도 했다. 그러다가 영국중앙은행이 자체적으로 공인한 화폐 외에 다른 것을 화폐로 사용하면 '반역죄(treason)'로 처벌하겠다고 엄포를 놓으면서 상황이 정리됐다. 암호화폐와 관련해서도 비슷한 일이 되풀이될 수 있다."

그렇다. 총자루를 쥔 건 정부다. 정부가 허용하지 않는 화폐는 통용될 수 없다. 또 정부와 싸워서 이길 수도 없다. 여기에 투자하여 미래를 건다는 것은 지나친 모험일 뿐이다. 다만 짐 로저스도 지적했듯이 암호화폐 개발을 위해 창안된 블록체인기술은 무궁한 발전가능성이 있다고 본다.

한편 디지털화폐의 전망을 긍정적으로 보는 측도 존재한다. 이것은 두 가지의 관점이다.

첫째는 중앙은행이 직접 디지털화폐를 제조하는 것이다. 이른바 중앙은행 디지털 화폐Central Bank Digital Currency다. 세계의 중앙은행이라 할 수 있는 국제통화기금IMF의 크리스틴 라가르드 총재가 주창하면서 이러한 논의가 시작되었다. 이에 따라 몇몇 나라의 중앙은행은 이에 대해 연구검토를 하고 있다고 한다. 이렇게 중앙은행이 만들면, 이야기는 달라진다. 그것은 정부<sup>중앙은행</sup>에 의하여 법적 통용력을 부여받기 때문이다.

두 번째 관점은 지역화폐다. 영국 남부에 위치한 브리스톨<sup>Bristol</sup>에서 브리스톨파운드라는 지역화폐가 실물화폐와 동시에 계좌거래 방식으로 도입되었다. 현재 브리스톨 시내의 식당, 카페 등 800여 개의 업체에서 이 지역화폐를 지폐 또는 계좌거래 방식으로 주고받는다고 한다. 독일의 킴카우어, 스위스의 비어 등 지역화폐도 계좌거래 방식으로 거래된다고 한다. 이러한 지역화폐는 역내에서 발생된 거래로 받은 자금을 다시 역내로 환류<sup>還流</sup>시키는 효과를 거두기 위한 취지로 도입되었다. 도시에 따라서 실물화폐 없이 계좌거래로만 통용되기도 하고, 혹은 실물화폐와 계좌거래가 병용되기도 한다.

어떻게 변화되든 간에 실물화폐는 법적 존재 의의와 상징성으로 존재하되, 실거래는 비현금 화폐 결제수단 중심으로 변모해 나갈 것이다. 핀테크 산업은 화폐거래와 결제의 편의성을 바라는 사람들의 필요에 부응하면서, 화폐의 발전에 한 축을 담당하게 될 것이다.

제11장

경제, 물가와
부동산 가격

★
★
★

요즘 K팝과 방탄소년단이 대세다. 그런데 이걸 먼저 포착하여 세계에 알린 나라가 영국이다. 영국의 공영방송 BBC는 이미 2016년 12월, 47분짜리 다큐멘터리 프로그램 〈대한민국: 조용한 문화강국South Korea: The Silent Cultural Superpower〉을 방영한 바 있다. 그리고 BBC Radio1은 2018년 1월 18일 27분짜리 동영상을 유튜브에 게시하였다. 〈K팝: 한국의 비밀 병기인가?K-Pop: Korea's Secret Weapon?〉라는 제목이었다. 이 동영상에서 내레이터이자 BBC Radio1의 음악프로그램 진행자인 아델 로버츠Adele Roberts는 이렇게 밝히고 있다.

"수개월 전부터 수백 개, 수천 개의 메시지가 들어오기 시작했다. BTS의 음악을 신청하는 메시지였다 그때 나는 BTS에 대해 금시초문이었다. 그래서 나는 도대체 BTS가 무슨 그룹인지, 한국에서 무슨 일이 일어나고 있는지를 조사하러 한국에 방문하였다."

그녀는 한국의 거리에서 만난 많은 외국인 BTS 팬을 인터뷰하며 BTS를 왜 좋아하는지 물었다. 그리고, K팝 연습생들, BTS 안무가, 그리고 한국의 K팝 전문가 등과의 인터뷰를 통하여 BTS의 탄생 배경과 한국 경제에 대한 효과를 파헤쳤다. 마지막으로 BTS와 독점 인터뷰를 가졌는데, 이 독점 인터뷰는 별도의 동영상으로 게시되었다. 이 독점인터뷰 동영상은 조회 수가 무려 3백만 회에 달하였다. 그녀는 BTS에게 언제 영국에 올 건지 물으며, 영국 공연을 간접적으로 권유하기도 하였다.
2018년 10월 31일. 한국에서는 영국의 록밴드 퀸Queen을 다룬 영화 〈보헤미안 랩소디〉가 개봉되었다. 개봉 4, 5개월 만에 관객이 900만 명을 넘어서는 등 호응은 폭발적이었다.

2019년 3월 초, BTS가 런던 공연의 티켓 예매를 개시하였다. 개시 90분 만에 표가 매진되었다. 공연예정 장소는 웸블리 스타디움. 비틀즈, 마이클 잭슨, 퀸 등이 라이브 콘서트를 열었던 곳으로 영국에서는 스포츠와 대중문화의 성지와 같은 곳이다. 좌석이 무려 9만 석인데도 매진되어 버렸다.

18세기에 경제학을 창시한 나라 영국. 그 경제학을 현실에서 실증시켜 20세기 경제적 성공을 이룬 나라 한국. 1960년대 비틀즈로 팝음악을 열었고, 1970년대 록밴드 퀸을 만들어 냈던 영국. 21세기 최고의 보이그룹 BTS를 만들어 낸 나라 한국. 록밴드 퀸의 이야기를 다룬 영국 영화에 열광하는 한국인들. BTS를 제2의 비틀즈라 부르며 열광하는 영국. 영국과 한국에는 묘한 유사성이 있다. 경제와 엔터테인먼트 흐름을 보려면 영국은 꼭 가 봐야 된다.

# 빅픽처 big picture
## 경제에 대한 접근

빅픽처<sup>big picture</sup> 경제라는 용어가 따로 있는 것은 아니다. 필자가 설명의 편의상 만든 개념이다. '경제의 큰 그림' 또는 '넓고 커다란 시각으로 보는 경제'로 이해하면 될 것이다. 전문용어로 '거시경제'의 개념과 유사하나 비경제학도들에게는 거시경제라는 용어보다 빅픽처 경제가 더 쉬울 것이다.

이 장에서는 경제의 빅픽처<sup>big picture</sup>를 보는 요령을 소개하고자 한다. 왜냐하면 자산의 가격변동은 개별 요인뿐만 아니라 경제 전체의 상황과 밀접하게 관련되기 때문이다.

매 학기 수업 시작 전 학생들에게 설문조사를 한다. 인문대, 사회과학대, 공과대의 4학년 학생들을 대상으로 하는 교양 경제과목이기 때문에 매 학기 학생들의 학습동기를 파악한다. 경제를 배우고 싶은 이유, 배우고 싶은 것, 궁금하거나 관심 있는 용어 등에 대해 조사한다. 그중 경제에 대해 배우고 싶은 이유의 설문조사 결과다(2018년 2학기).

| 설문조사 응답현황 | |
|---|---|
| 경제의 기본지식 10명 | 경제전반 13명 |
| 한국의 경제 상황 3명 | |
| 재테크와 자산 운용 5명 | 재테크와 관련지식 12명 |
| 주식과 주식시장 2명 | |
| 금리, 부채 3명 | |
| 상속, 부동산 2명 | |
| 세계경제 이슈 3명 | 세계경제 3명 |
| 통일과 한국경제 1명 | 통일과 한국경제 1명 |

재테크와 관련 지식에 대한 관심도 있지만, 경제 전반에 대하여 공부하고 싶어 하는 학생도 의외로 많은 것을 볼 수 있다. 다만 개인의 실용경제를 보기 위해 빅픽처 경제에 대해 관심을 보이는 것으로 파악되었다. 따라서 필자는 강의를 주식시장 → 금리 → 경제의 빅픽처 순서로 이끌어 간다. 주식시장을 이해하기 위해서는 금리 정책에 대해 알아야 하고, 금리 정책은 빅픽처 경제 분석을 기반으로 하기 때문이다.

# 금리의
# 결정과 변동

앞 장에서 금리가 주식시장에 미치는 영향에 대해 정리한 바 있다. 다시 정리해 보면, 금리 하락은 주식시장에 호재가 되고 반대의 경우는 좋지 않은 요인이 된다. 그렇다면 금리는 누가, 어떻게 결정 또는 변경하는가?

★첫째, 자금의 수요와 공급에 의해 금리 결정 금리는 기본적으로 금융시장에서 결정된다. 즉 자금의 수요와 공급이 이루어지는 금융시장에서 수요와 공급의 힘에 의해 결정된다. 수요가 공급보다 많으면 금리는 오르고, 수요가 공급보다 적으면 하락한다. 자금의 주된 수요자는 기업이다. 기업이 대규모 투자 등의 필요로 회사채를 발행하는 것이 자금수요 증가를 초래한다. 반대로 기업이 여유자금을 은행에 쌓아두고 있다면 자금수

요는 감소하게 된다.

★둘째, 한국은행의 기준금리 변경 금리 변동에 가장 중요한 기관이 있다. 바로 한국은행이다. 한국은행은 우리나라의 중앙은행이다. 한국은행은 기준금리라는 정책금리의 변경을 통하여 시장의 금리를 조절하고 있다. 한국은행이 은행에 제공하는 어음대출의 금리를 기준금리라고 하는데, 이 금리를 올리거나 내린다. 만일 한국은행이 어음대출금리를 인하하면, 은행은 그만큼, 기업에 대한 대출금리와 예금금리를 낮추게 된다. 따라서 금융시장에서 거래되는 각종 금융상품, 콜, CP(commercial paper: 기업어음), 회사채 등의 금리도 하락한다. 금융시장에서 거래되는 CP, 회사채 등 금융상품의 금리를 시장금리라고 한다. 따라서 한국은행의 기준금리 변경은 시장금리의 변동을 의도하려는 것이다.

★셋째, 환율이나 자본유출입 등도 금리 변동요인 국가 간 자본거래가 자유화되어 있는 요즈음에는 외국으로부터의 자본유출입, 외국통화와의 환율도 국내 시장금리의 변동요인으로 작용하고 있다. 예컨대 외국으로부터 자본유입이 많아지면 그만큼 국내 금융시장에 자금의 공급이 많아지므로 금리 변동요인이 된다. 외국으로부터의 자본 유입 또는 유출은 원-달러 환율 변동요인이 되는데, 이것도 국내 금리 변동요인이 된다. 즉 일정한 조건하에서 의도되지 않은 환율변동은 양국 간 금리차익을 노리는

투자세력에 의해 금리를 변동시킨다.

위에서 살펴본 바와 같이 금리 변동요인 중에서 한국은행의 기준금리 변경이 가장 중요하다. 실제로 한국은행의 통화정책은 물가의 안정, 거시경제의 안정, 국제수지의 균형 등에 그 목표를 두고 있다. 또, 한국은행의 기준금리 인상 또는 인하에 따라 시장금리도 따라가고 있다. 그렇다면 한국은행은 왜 기준금리를 변경하는가? 한국은행의 기준금리 변경에 대해 두 가지 사례를 중심으로 살펴보자.

우선 **한국은행의 기준금리 인하 사례**다. 2016년 6월 9일 한국은행은 기준금리를 종전의 1.50%에서 1.25%로 0.25%포인트 인하하였다. 기준금리 인하와 함께 한국은행의 이주열 총재는 금리 인하의 배경을 다음과 같이 설명했다.

"구조조정이 본격화되면서 실물 경제와 경제 주체 심리에 부정적 영향이 미칠 것을 선제적으로 방어하기 위해서 내린 조치다."

즉 구조조정으로 인해 기업들의 경제심리가 위축되거나, 경제가 급격히 둔화되는 것을 방지하려는 것이었다. 금리인하는 경제둔화를 억제하거나, 경제활성화에 도움을 주려는 조치다. 따라서 한국은행의 기준금리 인하가 이루어지면 기업의 투자와 매출이 증가될 수 있고,

기업의 주가는 상승의 영향을 받는다 하겠다.

다음으로 **한국은행의 기준금리 인상 사례**다. 2017년 11월 한국은행의 기준금리 인상에 대해 살펴보자. 한국은행은 이날 기준금리를 종전의 1.25%에서 1.50%로 인상하였다. 그 인상배경은 다음과 같이 설명하고 있다.

> "기준금리가 현 수준에서 계속 유지될 경우 금융불균형 확대로 금융 안정 리스크가 커질 수 있다는 점을 고려할 때 통화정책의 완화 정도를 조정할 필요가 있다고 판단하여 기준금리를 0.25%포인트 인상하기로 결정하였다."

즉 미국의 지속적인 금리인상으로 미국과 한국의 금리 격차가 벌어지는 금융불균형을 예방하고자 금리를 인상한 것이다. 만일, 미국과 한국 간 금리 격차가 지나치게 벌어질 경우 이를 노린 투기적 세력들이 자본을 유출할 우려가 크다. 급격한 자본유출이 나타나면 달러 대비 원화환율이 급락하는 등 외환시장도 불안해질 수 있다. 한국은 개방경제국가로서 외환시장의 불안은 원천적으로 차단할 필요가 있다. 과거 1990년대 후반의 IMF 외환위기나 2007, 2008년의 금융위기 등을 상기하면 될 것이다.

# 경제상황 판단

앞선 기준금리 인하 사례에서 한국은행은 경기둔화를 예방하거나 경제를 활성화시키려는 의도에서 금리인하를 단행하였음을 살펴본 바있다. 그럼 여기서 경제상황이 좋은 수준인지, 혹은 나쁜 상황인지를 판단하는 것이 중요함을 알 수 있을 것이다. 경제상황 판단은 여러 가지 지표를 동원하고 분석하는 것이 보통이다. 또 경제 판단의 주체, 즉정부, 중앙은행, 정부산하 국책연구기관, 민간연구소 등에 따라 다르다. 경제에 대한 지식이 많은 부족한 입장에서, 자기경제관리를 목적으로 경제를 배우는 데 도움이 될 만한 대표 지표를 소개한다면 '국민소득' 통계가 되겠다. 국민소득 중에서 대표적인 지표가 국내총생산이다.

**국내총생산**이란 현재 한국은행에서 매 분기 작성하여 공표하고 있는 지표이다. 이는 '일정기간 동안 한 나라 안에서 새로 생산한 자화와 서비스의 가치를 시장가격으로 평가하여 모두 더한 것'으로 정의된다. 여기서 '일정 기간 동안이란 통상 1년을 의미'한다. 한국은행은 국내총생산지표를 이용하여 매 분기 경제성장률을 발표하고 있다. 이 지표를 중심지표로 두고, 그 외에 물가, 생산 및 고용, 국제수지 등의 지표를 종합적으로 따져 본 후 경제상황을 판단하는 것이다. 경제의 둔화 또는 침체가 나타나면서 물가가 안정 기조에 있는 경우 기준금리 인하를 고려하는 것이다.

아래는 주요국과 한국의 경제성장률을 비교한 것이다. 우리나라의 경제성장률은 미국, 일본, 유럽과 비교할 때 현저히 낮은 편은 아니다. 다만 중국은 아직 개발도상국으로 높은 성장률을 보이는 중이다.

**주요국과 한국의 경제성장률**

(단위: %)

|  | 미국 | 일본 | 유로 | 중국 | 한국 |
|---|---|---|---|---|---|
| 2018년 | 2.8 | 1.1 | 2.0 | 6.5 | 2.7 |
| 2019년 | 2.5 | 0.9 | 1.8 | 6.2 | 2.9 |

자료: 한국은행, 2019년은 IMF 전망치

한 나라 국민의 소득수준 내지 생활수준을 국가별로 비교하는 데도 국내총생산 통계가 활용된다. 이른바 1인당 국민소득이다. 1인당 국민소득은 명목기준 국내총생산을 총 인구로 나눈 수치이다. 세계은행

World Bank 통계상 우리나라의 1인당 국민소득GNP은 2017년 기준 2만 8,380달러이다. 이는 국제적으로 비교할 때 세계 26위 수준이다. 따라서 1인당 국민소득은 한 국가의 국민소득 수준을 국가 간에 비교하는 데 가장 유용한 지표가 된다.

**1인당 국민소득 국가별 순위**

(2017년 통계기준, 단위: 미 달러)

| 순위 | 국가 | 1인당GNP | 순위 | 국가 | 1인당GNP |
|------|------|----------|------|------|----------|
| 1위 | 스위스 | 80,560 | 16위 | 캐나다 | 42,870 |
| 2위 | 노르웨이 | 75,990 | 18위 | 영국 | 43,530 |
| 3위 | 룩셈부르그 | 70,260 | 21위 | 일본 | 38,550 |
| 6위 | 미국 | 58,270 | 22위 | 프랑스 | 37,970 |
| 11위 | 호주 | 51,360 | 25위 | 이탈리아 | 31,020 |
| 12위 | 네덜란드 | 46,180 | 26위 | 한국 | 28,380 |
| 15위 | 독일 | 43,490 | | | |

출처: World Bank

# 선진국은 왜
# 1인당 국민소득이 높을까?

여기서 아래와 같은 객관식 문제를 하나 내 보겠다.

〈문제〉왜 선진국은 1인당 국민소득이 높을까?

1) 부부가 맞벌이하기 때문이다.

2) 가사서비스까지도 외주를 준다.

3) 산업 내 분화가 발달되어 있다.

4) 시간제, 계약제 등 다양한 근로제도가 발달되어 있어 일자리가 많다.

실제 수업시간에 학생들을 대상으로 이 문제를 내 보면, 1번, 2번, 3번, 4번으로 답이 엇갈린다. 그런데 '모두 맞다'가 정답이다. 네 가지가 모두 맞는 내용이고 선진국의 1인당 국민소득 상승에 보탬이 되는 현실이다.

부부가 맞벌이를 하면 당연히 부인의 생산활동이 발생하여 국민소득 증가에 기여한다. 또 맞벌이 하는 경우 집안일을 가사일 도움업소에 외주를 주기 때문에 가사서비스업의 생산증대에 기여한다. 선진국이 될수록 한 제품의 생산과정이 길고 복잡해지므로 산업의 분화가 발달한다. 시간제 등 일자리 제도가 다양화되면 그동안 여유 시간을 그냥 흘려버리던 주부, 장년계층의 사람들이 생산활동에 종사하기 쉽게 된다.

# 물가와
# 인플레이션

물가란 쉽게 말해 물건의 가격이다. 그러나 이 사회에는 수많은 상품이 존재한다. 이에 따라 우리나라의 모든 상품의 물가를 종합한 지표가 도입되었다 그것이 소비자물가지수와 생산자물가지수이다. 소비자물가지수는 소비자들의 소비생활에서 실제로 구입하고 있는 상품과 서비스의 거래가격을 조사한 것이다. 따라서 가계의 생계비 실태를 평가하고, 구매력의 변동을 파악하기 위한 유용한 지표가 된다.

재미있는 물가지수가 있다. **빅맥지수다.** 빅맥지수란 영국의 경제전문지 〈이코노미스트Economist〉가 **각국의 구매력을 비교하기 위하여 맥도날드사의 빅맥 햄버거 가격을 달러화로 환산**하여 발표하는 물가지수의 일종이다. 이 지표는 지수가 아니라 실제 달러화로 발표되고, 해외를 여행하다 보면 맥도날드 매장이 쉽게 보이기 때문에 일반소비자들도 흥미를 갖는다.

　이코노미스트사는 이 지표를 1986년부터 발표하고 있다. 맥도날드라는 상품은 국가 간에 완벽히 동질적인 상품이기 때문에 결국 각국의 원재료 조달비용, 인건비, 매장인건비 등 생산비용에 환율 수준을 반영하는 것이다. 2016년 1월 기준으로 발표된 빅맥 가격은 미국 5.04달러, 한국 3.86달러이다. 미국보다 한국의 빅맥 가격이 23% 가량 싼 것을 알 수 있다. 따라서 국가 간 물가 차이를 쉽게 파악할 수 있는 장점이 있다.

　그런데 이러한 물가가 지속적으로 오르는 경우가 있다. 과거 석유파동 시기, 1970년대 경제개발 시기 등에는 지속적으로 물가가 올랐는데, 이를 '인플레이션inflation'이라고 한다. 지속적인 물가오름세를 말한다. 반면에 디플레이션deflation은 지속적인 물가내림 현상을 가리킨다. 우리나라에서 디플레이션 경험은 거의 없지만, 인플레이션은 과거에 만성적인 현상이었다. 하지만 경제성장이 둔화되는 2000년 들어서는 물가오름세가 대체로 해소되었다.

　일반적으로 인플레이션에 대해서는 부정적이다. 가장 큰 이유는 부의 분배의 왜곡을 초래하기 때문이다. 물가오름세 현상이 지속되면 돈 있는 사람들은 부동산 등 실물자산 투자를 확대하고, 그에 따라 부동산 가격이 더욱 상승하여 부의 가속적 증가가 나타난다. 반대로 가난한 사람들은 부동산 투자의 여력이 없어 이러한 투자 대열에 동참

하지 못한다. 이러한 이유로 가진 계층과 덜 가진 계층 간 부의 격차가 더욱 벌어진다.

# 부동산 가격의
# 미스터리

수요공급의 이론으로 보면 이상하다. 우리나라의 전체 주택 보급률은 100%를 넘는다. 전국의 모든 가구 수를 주택 수로 나눈 수치, 즉 주택 보급률이 100%가 넘는다. 수요에 비해 공급이 많다는 말이다. 거기다가 매년 건설업체들은 대규모로 신규 아파트를 공급해 낸다. 그럼에도 강남 아파트 가격은 한동안 미친 듯이 오른다. 왜 그럴까?

강남 지역 지도를 그려보자. 강남 지역의 땅은 한정되어 있다. 한정된 땅에다 지어놓은 아파트 공급량은 제한되어 있다. 그런데 강남 지역에 아파트를 사려는 사람들은 줄을 지어 서 있다. 3, 40대에 자수성가한 의사나 법률인 등 전문직 종사자, 중소기업 창업주 등은 돈을 싸 들고 부동산소개소 앞에 서 있다. 즉 수요는 항상 대기상태에 있다. 이러니 강남 아파트의 수요와 공급은 불균형이다. 공급에 비해 수요가 초과되어 있다.

# 에어비앤비와
# 공유경제

부동산 가격 상승이 경제에 미치는 영향 중, 흥미로운 것이 하나 있다. 바로 공유경제의 활성화다. **'공유경제 또는 공유경제비즈니스'란 자산가치가 상승한 상태에서 유휴 자산을 활용하여 돈을 버는 비즈니스 활동을 말한다.** 에어비앤비Air B&B가 대표적이다. 에어비앤비 성공 사례를 잠시 살펴보자.

에어비앤비는 숙박 비즈니스이다. 사람들의 해외여행이 빈번해지면서 이제 에어비앤비는 친숙한 용어가 되었다. 에어비앤비는 숙박 유형 중 하나로서 침대bed와 조식breakfast을 제공하는 숙박시설을 가리킨다. 많은 경우 일반 가정에서 숙식을 제공한다. 이 점에서 호텔과 차이가 있다(다만 최근에는 전문적인 숙박업소도 이런 숙박서비스를 제공하고 있다). 에어비앤비가 신종 사업모델로 시작된 스토리가 흥미롭다. 간단히 소개한다.

브라이언 체스키와 조 게비아는 미국의 로드아일랜드 디자인스쿨을 졸업한 동창생이다. 샌프란시스코에 거주하던 조 게비아가 산타모니카에 사는 체스키에게 주거 문제로 SOS를 쳤다. 당시 조 게비아의 주거 상황을 보자. 집주인이 월세를 1,150달러로 인상하자, 같이 살면서 월세를 분담해 왔던 두 명의 룸메이트가 떠나버렸다. 조 게비아에게는 고작 100달러의 예금 잔액만이 있을 뿐이었다. 둘은 어떻게 집세를 마련할 수 있을지에 대해 고민을 하기 시작했다. 그중 한 가지 아이디어는 10월 말에 샌프란시스코에서 열릴 예정인, 국제 산업디자인 컨퍼런스에 관련한 것이었다. 수천 명의 디자이너가 방문하면 호텔은 만실이 될 것이고 숙박료도 천정부지로 오를 것이라고 생각했다. 이렇게 두 사람은 에어비앤비의 탄생을 예고하는, 작지만 위대한 아이디어를 떠올렸다.

"우리 아파트의 빈 공간에 공기침대Air bed를 놓고, 컨퍼런스 참가자들에게 빌려주고 아침식사를 제공하면 되는 거 아냐?"

이때가 2007년이다. 두 친구는 바로 홈페이지를 구축하여 방 제공자들을 끌어모았다. 본격적으로 에어비앤비를 사업으로 시작한 것이다. 아래는 에어비앤비의 비즈니스 모델이다.

웹사이트

노는방
(미국) → 등록 ▶▶▶ 에어비앤비
(Air B&B) ◀◀◀ 등록 ← 노는방
(영국)

▼ 이용
▼
▼

해외여행객 등 이용자

에어비앤비의 비즈니스 구조

에어비앤비는 공유를 모토로 하는 신종 사업이다. 이른바 공유경제 모델이다. 2007년에 시작된 에어비앤비는 단숨에 기업 가치를 250억 달러(우리 돈으로 약 29조 원)수준으로까지 끌어 올렸다. 그렇다면 에어비앤비의 성공 비결은 무엇인가?

★첫째, 인간적인 유대감을 주는 점 호텔이라는 무색무취한 숙박업소에 비해 일반 가정집 주인이 맞이한다는 점에서 강점이 있다. 그 지역만의 독특한 체취를 원하는 여행객들에게 특히 호평을 받고 있다.

★둘째, 부동산의 가격상승에 따라 사용가치도 상승 부동산의 가격이 계속 상승함에 따라 소유가치는 물론 사용가치도 상승했다. 이때 유휴의 부동산을 사용케 하고 높은 사용료를 받아낸다는 아이디어다.

★ 셋째, win-win game - 방 제공자, 여행객, 그리고 사업자<sup>에어비앤비</sup> 모두에게 이득이 되는 win-win business game이다. 가맹점이 을이 되어 착취당하는 우리나라의 프랜차이즈사업과는 천양지차이다. 그래서 계속 성장하는 것이다.

이후 에어비앤비 이외의 공유경제 사업들이 속속 등장했다. 대표적인 사업이 승용차를 이용하는 우버<sup>Uber</sup>이다. 우리나라에서는 법적 제약이 있어 정상적으로 도입되지 못하고 있으나, 미국을 비롯한 해외에서는 성공을 거두고 있다. 영국 런던에서 시작된 저스트파크<sup>Justpark</sup>는 주차공간 공유경제 모델이다. 도심 주차장들의 컴퓨터시스템을 연결하여 유휴 주차공간을 실시간으로 파악, 유료로 제공하는 사업이다. 이 밖에도 여름철 휴가 중 비게 되는 집을 상호 교환하여 이용하는 개념의 홈익스체인지<sup>Home Exchange</sup>, 다 읽고 난 중고 도서를 교환하는 북무치<sup>Bookmooch</sup> 등이 있다.

공유경제란 사용가치가 낮은 자산이나 상품을 인터넷 등을 이용, 공유하여 다른 이용자들로 하여금 저비용으로 이용할 수 있게 하는 것으로 정의된다. 즉, 물건을 소유하지 않고 빌려 쓰는 개념이다. 이러한 공유경제 사업은 계속 성장하고 발전할 것으로 전망된다. 왜냐하면 부동산 등 자산가치가 상승하고 있으며, 고령화의 진전으로 활동력이 왕성한 60대 은퇴자들이 더욱더 증가하기 때문이다. 이에 더하여 자산, 설비 그리고 인력을 연결하는 컴퓨터, 스마트폰의 보급이 계속될 것이기 때문이다.

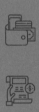

제12장

환율과
국제경제

★
★
★

세계적인 투자 귀재, 짐 로저스Jim Rogers의 인터뷰가 〈조선일보〉에 게재된 적이 있다. 짐 로저스는 워런 버핏, 조지 소로스와 함께 세계 3대 투자대가로 불린다. 투자 원칙에 대해 설명해달라는 질문에 대해 짐 로저스는 이렇게 대답하였다.
(2019년 1월 5일 자 〈조선일보〉)

"자신이 이해할 수 없는 것에 투자해선 안 된다. 현금과 채권 등 투자 수단에만 매몰 될 필요가 없다. 자산으로 보유하거나 투자의 매개가 되는 화폐 종류를 잘 선택하는 것이 중요하다. 예를 들어 5년 전에 일본 엔화 보유 비율을 높였다면 이후에 큰 손해를 봤을 것이다. 화폐를 잘 선택해 묻어두면 돈을 벌 수 있다. 경기 하락 국면에서는 달러의 매력이 커진다. 달러가 예전만큼 확고한 안전자산이라고 생각하진 않지만, 그렇게 믿는 사람들이 많기 때문에 여전히 매력적인 투자처인 것만은 분명해 보인다."

그는 주식, 채권 등 전통적인 투자수단 이외에 외화에 대한 투자도 제시하고 있다. 그리고 달러화를 예로 들었다. 달러화 시세는 1년 전 달러당 1,080원에서 1,123원으로 약 4% 상승하였다. 그다지 커다란 변동률은 아니다. 그래서 그는 외화투자는 5년 등 장기간을 제시한다.

그러나 금융지식이 적은 젊은 층이 외화에 투자하기에는 무리가 있다. 다만 해외여행, 해외주식투자 등 이제 해외거래가 많아지는 현실을 감안할 때 환율과 국제경제에 대한 이해는 분명 필요해 보인다.

# 외국화폐와
# 환율

사람들은 해외여행을 할 때 환전을 위해 은행을 찾는다. 미 달러화, 유로화, 엔화 등 외국화폐를 환전한다. 이때 환율이라는 이야기가 나온다. 2019년 1월 22일 현재, 원-달러 환율은 1,132원이다. 1달러 지폐를 사려면 우리 돈 1,132원을 줘야 한다는 이야기다.

그런데 실제 은행 창구에 가서 달러화 지폐를 환전하고자 하면 좀 복잡한 이야기를 한다. 그래서 아래 표와 같이 정리해 보았다. '매매기준율'은 아래 환율 표에서 중앙에 있는 환율이다. '매매기준율'은 한국은행이 정하여 고시하는 기준환율이다. 은행들은 이 기준환율에 일정 스프레드를 가감하여 여러 종류의 환율을 정한다. 이 환율들은 매일 영업점 객장에 게시된다. '현찰 살 때' 환율은, 고객이 은행에서 달러화를 매입할 때 적용되는 환율이다. 2019년 1월 22일, 어느 고객이 1달러

지폐를 사기 위해 은행에 갔다면, 그는 1,151원을 지불해야 했을 것이다. '송금 보낼 때' 환율은, 미국에 유학 가 있는 아들에게 달러화를 송금할 때 적용하는 환율이다. 2019년 1월 22일, 어느 아버지가 미국에 있는 아들에게 1달러를 송금했다면, 그는 한국 돈 1,143원을 지불했을 것이다.

**대미달러 환율의 체계도(2019년 1월 22일 기준)**

**현찰 살 때** 1151.81원(고객이 은행 창구에서 달러화 지폐를 구입할 때 적용하는 환율)

**여행자수표 살 때** 1145.58원

**송금 보낼 때(전신환매도율)** 1143.00원

**매매기준율** 1132.00원

**송금 받을 때(전신환매입율)** 1121.00원

**현찰 팔 때** 1112.19원

환율은 매일매일 변한다. 어제 은행에 갔을 때는 1달러당 1,050원 하다가 오늘 갔더니 1,055원으로 오르기도 하고, 1,045원으로 내리기도 한다. 따라서 매입 시점을 잘 고르는 게 최선이겠지만 이는 논외로 하고, 오늘 가서 당장 외화를 싸게 살 수 있는 요령을 소개한다. 주거래 은행을 지정하여 활용하는 것이 최선책이다.

**외화를 싸게 사는 요령**

1) 급여이체 은행, 주택담보대출거래 은행 등 주거래은행의 창구에서 우대환율 적용을 요청하여 매입한다.

2) 거액으로 환전한다. 자주 해외여행을 하는 사람의 경우 이번 여행에 쓰고 남은 돈은 외화예금통장에 넣어둔다. 다만, 달러화만 외화예금통장 이용이 용이하다. 기타 통화의 경우 외화를 예금해 두었다가 현금으로 인출할 시 인출 수수료를 물리기 때문이다. 그러니 그냥 집에 보관해 두는 편이 낫다.

3) 스마트폰 환전서비스를 이용한다. 우리은행의 경우 '위비톡톡 - 온국민환전'을 통해 매입하면 할인혜택이 있다.

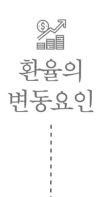

# 환율의
# 변동요인

환율은 매일 변동한다. 대미달러 환율은 지난 1년간 강세를 띠며 변동
되었다. 2018년 1월초 1,050원에서 2019년 1월 22일 1,132원으로 변동
되었다. 따라서 미달러화 시세는 지난 1년간 약 7.8% 상승한 것이다.
그럼 지난 1년간 대미달러 환율은 무슨 이유로 상승하였을까?

외환시장 전문가들은 달러화 가치 상승에 대해 대체로 다음과 같은
요인들을 제시하고 있다.


★첫째, 미국 경제의 호조 미국 경제는 최근 전례 없는 호황을 누리고 있
다. 트럼프 대통령 취임 이후 친 기업정책의 지속, 획기적인 법인세율 인
하, 강경한 보호무역정책으로 인한 미국 기업의 활력 증대 등이 겹친 데
따른 것이다. 미국 중앙은행인 연방준비제도이사회는 2018년 9월 하순,

기준금리를 인상하면서 이 같은 경제호황을 대변하였다. 즉 미국의 경제성장률은 전년(2017년)의 2.2%에서 올해(2018년) 2.9%로 상승하고, 실업률은 올해 2분기에 3.9%로 하락하여 사실상 완전고용 수준이라고 진단하였다. 일반적으로 년 실업률 3~4% 수준을 완전고용 수준이라고 평가한다. 즉, 직장의 변경 등에 따른 일시적 실업만이 존재하는 실업률 수준이다. 이러한 경제호황은 자연스레 미달러화에 대한 수요를 증가시킨다.

★둘째, 미국 금리의 지속 상승과 그로 인한 한미 금리역전 미국의 연방준비제도이사회는 2018년 3월, 6월, 9월, 12월 각각 중앙은행의 기준금리를 인상하였다. 그 결과 미국의 기준금리가 한국의 기준금리보다 높아진 이른바 금리역전 현상이 발생하였다. 예컨대 미국의 채권수익률이 한국의 채권수익률보다 높아진다면, 투자자들은 한국에서 원화를 팔고 달러화를 사서 미국의 채권에 투자하려 할 것이다. 즉 달러화에 대한 수요가 높아지는 것이다. 달러화의 수요가 더 많아지면 달러화 환율은 상승하게 된다.

★셋째, 미중무역분쟁 등으로 인한 강强달러 현상 미국과 중국은 국제적으로 헤게모니(Hegemonie: 주도권) 쟁탈전을 벌이고 있다. 미중 간 무역전쟁으로 인해 한국을 비롯한 대부분의 국가에서 수출위축 등 부정적 영향을 받고 있다. 또 국제금융시장도 불안해지고 있다. 국제금융시장이 긴장

하면 강대국의 통화가 강세를 보이는 게 일반적이다. 더욱이 미국 경제가 주요 선진국 중 가장 호조인 점도 달러화 강세를 부추기고 있다.

환율의 결정 및 변동요인에 대해 요약, 정리해 보면 이렇다. 환율은 외국화폐에 대한 값이므로 기본적으로 외화를 사고파는 외환시장의 수요와 공급에 따라 결정된다. 원-달러화 환율의 경우, 한국 외환시장에서 달러화의 수요와 공급 여하에 따라 시세가 결정, 변동된다는 뜻이다. 지난 1년간 상황을 보면 투자자들이 한국 채권을 팔고 미국 채권에 보다 많은 투자를 하게 되었다. 따라서 달러화에 대한 수요가 늘고, 그 결과 달러화 가치가 상승하였다. 만일 반대로 미국의 투자가들이 **투자금**을 한국시장에 도입하여 한국 주식이나 채권에 투자하려 한다면 달러화 공급이 많아지므로 달러화 시세는 하락할 것이다.

# 금리, 환율, 주가
## 버뮤다 삼각지대의 미스터리

버뮤다 삼각지대는 미국 남부 플로리다 해협과 버뮤다 섬, 푸에르토 리코를 잇는 삼각형의 해역을 말한다. 버뮤다 삼각지대의 미스터리는 이 해역에서 수십 대의 배와 비행기가 흔적도 없이 사라졌기 때문에 등장했다. 1925년 일본의 화물선, 1945년 미 해군 폭격기 5대, 1973년 2만 톤급의 노르웨이 화물선 등등 이들 배와 항공기는 파편이나 승무원의 흔적도 남기지 않고 갑자기 사라졌다.

금리-환율-주가 간 관계를 '금융시장의 버뮤다삼각지대'라고 부르기도 한다. 이는 금리-환율-주가의 상호관계가 매우 복잡하고 난해하다는 측면에서 그런 별칭이 만들어진 것 같다. 실제로 금리, 환율, 주가는 서로서로 영향을 주고, 변동한다. 그런데 어떤 방향으로 변동시킬지를 정확히 예측하기가 무척 어렵다.

주가를 최종 타깃으로 하는 주식투자자의 관점에서 알기 쉽게 정리해 보면 두 가지로 요약된다. 1) 금리 변동의 주가에 대한 영향, 2) 환율$^{자본유출입}$ 변동의 주가에 대한 영향이 그것이다. 금리 변동의 주가에 대한 영향은 앞선 제8장 주식시장 편에서 살펴본 바와 같다. 따라서 여기서는 환율, 즉 해외자본의 유출입이 주가에 미치는 영향을 중심으로 살펴본다.

외국자본의 유입과 유출이 주가에 미치는 영향은 비교적 심플하다. 외국인의 주식투자가 대거 밀려오면 국내 주식시장은 갑자기 활활 달아오르기 마련이다. 외국인이 대거 국내 주식시장으로 투자자금을 공급하는 꼴이므로, 주식에 대한 수요가 증가하고 결과적으로 주가는 상승의 유인을 받는다. 그러다가 외국인의 투자자금이 밀물처럼 빠져나가면 주식시장이 급속도로 냉각되기 일쑤다. 국내 주식시장에서 주식을 팔게 되므로 주가는 하락하기 마련이다.

한편, 환율의 관점을 살펴보자. 외국자본의 대거 유입은 국내 외환시장에서 외화의 공급 증가를 초래하므로 달러화 시세의 하락을 부추긴다. 반대로 외국 투자자들이 외국자본을 유출한다면, 달러화의 해외송금을 위해 국내 외환시장에서 달러화를 매입하므로 달러화의 시세가 상승압력을 받게 된다.

필자는 1999년 가을, 네덜란드계 ABN AMRO 금융회사의 관계자들과 면담한 적이 있었다. 금융감독원에서 은행경영 분석업무를 담당하

고 있을 때다. 당시에는 한국 경제의 해외홍보에 열을 올릴 때라 외국
투자기관에 대해서는 호의적인 분위기였다. IMF외환위기의 영향으
로 국내 금융업계는 위기 후유증을 겪고 있었다. 1998년 5개 부실은행
이 퇴출되었고, 제일은행과 서울은행은 부실은행으로 지정되어 정부
의 관리 상태로 들어가 있는 등 심각한 상황이었다. 외국인 투자가들
의 국내 시장 이탈도 심히 우려스러운 상황이었다. 필자는 남아 있는
은행들이 부실자산 정리의 박차를 가하고 있고, 향후 금융산업의 재
건은 시간이 다소 걸리겠지만 점차 가시화될 것이라는 의견을 개진하
였다. 이때 국내 주식시장에서 은행업 주가는 바닥을 기고 있었고, 아
마도 외국인 투자가들은 언제쯤 바닥을 치고 올라갈 것이냐에 관심을
기울이는 것 같았다.

　은행업 주가는 아마 2000년 중반 이후 완연히 회복되기 시작하였
고, 1999년에 투자한 외국인 투자가들은 기대한 만큼의 성과를 거두
었으리라 짐작된다. 그렇다. 외국인 투자가들은 최소 1년, 길게는 3년
까지 보며 주식투자를 하는 것으로 알려지고 있다. 개별 기업의 경영
상태를 평가하여 주식투자 하는 경우도 있겠지만, 산업/업종의 사이
클을 평가 및 전망하여 장기투자를 하여 성과를 내는 것이다.

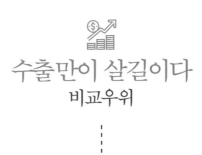

# 수출만이 살길이다
## 비교우위

우리 경제는 수출 지향적 국가이다. 수출기업들이 고속성장을 지속해 왔기 때문에 경제가 발전해 온 것이다. 따라서 수출만이 살 길이다. 교역 상대국 간에 무역이 왜 발생하게 되는지에 관한 이론으로 절대 우위 이론과 비교우위 이론이 있다.

절대우위 이론은 교역상대국의 생산비 비교에서 우위에 처한 상품 이 경쟁력을 갖고, 수출된다는 이론이다. 예컨대 우리나라와 미국의 오렌지 생산을 비교해서 10Kg의 오렌지 생산에 미국이 2만 원, 한국 이 10만 원의 생산비용으로 나온다면, 오렌지는 미국에서 한국으로 수출된다는 것이다.

리카도Ricardo는 비교우위 이론을 주장하였다. 비교우위론은 이렇 다. 앞에서 언급한 오렌지 이외에 사과 품목도 있는 2품종 농업생산

구조라고 하자. 사과의 생산비용은 미국이 5만 원, 한국이 10만 원이라고 하자. 미국은 생산비가 상대적으로 더 유리한 오렌지에 자원을 집중하고, 한국은 생산비 면에서 상대적으로 유리한 사과에 집중하여 수출한다는 것이 비교우위 이론의 요점이다. 실제로 오렌지는 미국에서 수입하되, 사과는 한국에서 수출하는 현상을 볼 수 있을 것이다.

비교우위에 대한 이해를 돕기 위하여 학생들의 성적으로 설명해 보자. 어느 반에 홍길동, 김철수, 정다연이라는 세 학생이 있다. 홍길동은 영어 95점, 축구 88점, 노래 90점으로 학급내에서 모든 면에서 월등한 학생이다. 학교에서 영어말하기대회가 열리면 그는 언제나 학급대표로 출전한다. 축구대회, 소풍에서의 노래대회도 마찬가지다. 김철수, 정다연은 항상 2등으로 밀린다. 이른바 절대우위 이론에서는 홍길동이 항상 우위에 있다.

**어느 학급 학생 세 명의 성적 비교**

|  | 영어 | 축구 | 노래 |
|---|---|---|---|
| 홍길동 | 95 | 88 | 90 |
| 김철수 | 70 | 85 | 60 |
| 정다연 | 75 | 70 | 88 |

그런데 이 학생들이 졸업을 하였다고 가정하자. 홍길동은 영어, 축구, 노래 중 하나를 선택하여 직업을 찾아 나갈 것이다. 그는 영어에 가장 애착이 있다면서 영어 통번역사로 진출했다고 하자. 그렇다면

축구와 가수 분야에서는 다른 두 학생이 상대적 우위를 갖고 있어 직업진출의 길이 열린다. 김철수는 가장 나은 축구 분야로 진출하고, 정다연은 상대적 우위가 있는 가수 분야로 진출할 것이다. 이른바 비교우위 이론이 적용된다. 세상은 이렇듯, 누구에게난 자신만의 비교우위가 존재한다. 자신의 장점 중에서 가장 잘 하는 것이 비교우위 분야이고, 이것을 계속 연마한다면 재능으로 발현될 수 있다.

# 최근 환율상승과
# 한국경제에 대한 영향

경제에 대한 환율의 영향은 커다란 요인 중 하나다. 우리나라는 수출 의존형 경제를 운영하고 있기 때문이다.

지난 1년간 환율은 상승하였다. 작년 초 1,050원 수준에서 최근에는 1,130원 수준으로 약 8% 상승하였다. 그렇다면 이와 같은 환율상승은 한국 경제에 어떤 영향을 미칠까? 일반적으로 환율의 상승은 한국 경제에 호재가 된다. 수출이 증대되는 효과가 있고, 반면 수입은 억제하는 효과를 일으키기 때문이다. 이해를 돕기 위해 실례를 들어 아래 그림으로 살펴보도록 하겠다.

100만 달러짜리 기계를 수출하는 수출업자가 있다. 작년에는 100만 달러짜리 기계를 수출하면 원화수입은 10억5천만 원의 수입이었다. 그러나 올해는 11억3천만 원의 수입이 되었다. 1년간 환율상승분만큼 원화 수입이 증가하였다. 수출업자는 같은 기계를 같은 가격으로 팔았는데, 원화로는 8천만 원, 즉 약 8%의 수입증가가 생긴 것이다. 이런 상황에서 수출업자는 수입이 증대되니 수출 증가에 박차를 가하게 될 것이다. 또 달러화 표시 수출가격을 2~3% 정도 인하하여 가격경쟁력 증대를 도모할 수도 있게 된다. 이것이 환율상승이 도모하는 수출 증대 효과이다.

환율변동과 수출업자의 판매수입 변화

수입업자에 대해서는 수출업자의 반대 상황이 발생된다. 100만 달러짜리 기계를 수입하면 작년보다 원화표시 수입가격이 약 8% 상승한다. 수입품 가격 상승으로 수입품 수요가 줄고 결국 수입품 판매가 줄어들 것이다. 수입품 가격을 환율상승분만큼 인상하지 않는다면 수입업자가 손해를 보는 꼴이 된다. 결과적으로 환율상승은 수입억제효과를 나타낸다.

환율상승은 또 국내물가 상승요인이 된다. 수입업자의 수입품 가격에 설명한 대로 수입품 가격상승이 나타나 곧바로 국내물가 상승압박을 가한다. 대표적으로 휘발유가 있다. 휘발유가격은 매일 변동되므로 환율상승은 곧바로 국내 휘발유 가격에 반영된다. 다만 환율이 상승하였다 하더라도 국제유가가 하락하는 경우 상승효과와 하락효과가 겹쳐 상쇄될 수도 있다.

최근 한국의 수출은 내리막길이다. 환율상승으로 수출 증가 효과가 있음에도 다른 악재가 겹쳐 수출이 감소하고 있다. 최근 반도체의 가격 급락이 가장 큰 요인이다. 그 외 미중 간 무역분쟁 등 국제통상 여건 악화도 한 요인이 되고 있다. 수출 감소의 여파로 국내 경기도 하강세에 있다. 당분간 수출 및 국내 경기는 약세를 면치 못할 것으로 예상된다.

기업실적이 주가를 좌우한다는 점에서 주식시장도 분명 어려움에 처해 있다. 국내의 경기 사이클이 하강세 내지 보합세로 접어들고 있어 주식시장 사이클도 유사한 흐름을 탈 것으로 전망된다.

# 미중 무역전쟁의
# 진행과 전망

2018년 10월 국내 주식시장에서 주가가 크게 하락하였다. 주식시장 전문가들은 미중 무역전쟁 격화가 주요 원인이라고 지적한다. 미중 무역전쟁으로 인해 애플이 영업상 타격을 입었다. 그 여파로 수많은 미국의 기술주 주가가 전반적으로 크게 하락하였고, 국내 기술주들도 주가하락을 면하지 못하였다. 이쯤에서 미중 무역전쟁의 원인은 무엇이고, 앞으로는 어떻게 전개될 것인가에 대해 간단히 살펴보자.

**표면적인 배경**으로는 미국의 대중 무역적자가 매년 확대되고 있다는 점이다. 그 결과 2017년의 대중 무역수지 적자는 무려 3,752억 달러에 이르렀다. 보다 근본적인 불만은 중국의 기술탈취 문제이다. 첨단기술, 지식재산권, 특허 등으로 대변되는 미국의 자산을 중국이 정당한 대가 없이 탈취해 갔다는 것이다. 더불어 중국이 개방경제의 혜택으로 커다란 성장을 이루었음에도 수출입, 투자 등에 있어서는 개방과 자유경쟁을 제한하고 있는데, 이에 대한 미국 내 정치계, 업계, 학계 모두 불만이 고조되었다. 이에 따라 트럼프가 중국에 대한 강경 조치를 취하자 여야 정치계, 기업계, 학계 모두 이구동성으로 대환영 의사를 표시하기도 하였다.

2018년 3월, 트럼프 대통령은 대중국 보복관세 부과방침을 발표하는 등 대중국 무역전쟁을 개시하였다. 다음은 그간의 **미중 무역전쟁의 경과**를 정리한 것이다.

- 2018년 3월. 미국, 500억 달러에 달하는 중국산 수입품에 대해 25% 관세 부과, 중국기업의 투자제한 등의 방침을 발표.

- 2018년 9월, 미국, 약 1,900억 달러 상당의 중국산 수입품 5,745개 품목에 10%(2019년에는 25%) 보복관세 부과.

- 2018년 4월. 미국, 중국의 통신장비 업체인 ZTE에 대북北 및 대이란Iran 제재를 위반한 혐의로 7년간 미국기업과의 거래 금지 징계를 발동.

- 이후 미국 법무부는 개별 중국기업 및 개별 중국인들에 대해 기술탈취 혐의로 체포, 수사, 기소를 진행.

- 2018년 12월, 미국 측의 요청에 의해 중국 통신기업 화웨이Huawei의 멍완저우孟晚舟 부회장을 기술탈취 혐의로 캐나다에서 체포, 구금.

이번에는 그 **평가 및 전망**을 살펴보자. 중국은 실제로 커다란 타격을 입고 있는 것으로 나타나고 있다. 미국도 약간의 손실은 있지만, 최근 경제호황으로 인해 별다른 문제는 되지 않는 수준이다. 이에 따라 중국이 미국에 협상을 제안하여 현재 미중 간 협상이 진행 중이다. 향후 1조 달러에 달하는 미국산 상품의 수입보장 등 가시적 성과가 예상되고 있다. 무역적자 해소에 상당한 도움이 될 것으로 예상된다. 다만 중국의 지적재산권 침해행위에 대한 미국 사법당국의 개별적 조치는 계속될 것으로 보인다.

미중 무역전쟁이 타결된다면 미국과 국내 기업계에는 불확실성이 상당 부분 완화될 것이고 국내 주식시장에도 호재로 작용할 것으로 예상된다. 그러나 타결이 계속 지연되거나 미중 간에 불화가 장기화된다면 국제무역은 물론 우리나라의 수출에도 부정적 영향을 미칠 것이다.